四川省社会科学研究"十四五"规划重点研究基地重大项目——"成渝地区双城经济圈体育产业一体化发展研究"（项目编号：SC21EZD005）

成渝地区双城经济圈体育产业一体化发展研究

张永韬　程林林　王明涛◎著

人民体育出版社

图书在版编目（CIP）数据

成渝地区双城经济圈体育产业一体化发展研究 / 张永韬，程林林，王明涛著.--北京：人民体育出版社，2023

ISBN 978-7-5009-6349-3

Ⅰ.①成… Ⅱ.①张… ②程… ③王… Ⅲ.①城市-体育产业-产业发展-研究-成都②城市-体育产业-产业发展-研究-重庆 Ⅳ.①G812.771.1②G812.771.9

中国国家版本馆CIP数据核字（2023）第150150号

*

人民体育出版社出版发行
北京建宏印刷有限公司印刷
新 华 书 店 经 销

*

710×1000 16开本 13印张 212千字
2023年10月第1版 2023年10月第1次印刷

*

ISBN 978-7-5009-6349-3
定价：88.00元

社址：北京市东城区体育馆路8号（天坛公园东门）
电话：67151482（发行部） 邮编：100061
传真：67151483 邮购：67118491
网址：www.psphpress.com

（购买本社图书，如遇有缺损页可与邮购部联系）

序 言
PREFACE

体育产业作为"五大幸福产业"之一，是典型的绿色产业和朝阳产业，具有融合性强、辐射广、产业链长等特点，成为区域经济转型升级和高质量发展的催化剂。成渝地区自古以来文化同源、山水相依，素来有"成渝一家亲"或"川渝一家亲"之说。自1997年重庆直辖、川渝分家以来，囿于分家之后地方政府的竞争关系，两地经济社会（包括体育产业一体化）发展始终不尽如人意，"块块分割"发展的态势明显。为了推动体育产业逐步成为国民经济支柱性产业和建设体育强国，当务之急是切实破除行政区"块块分割"意识，走体育产业统筹合作一体化发展之路。区域体育产业发展的历史经验表明，长三角、京津冀、粤港澳区域体育产业的快速发展都来自于城市群和都市圈之间的良性竞合和一体化发展。

我们欣喜地看到，在习近平总书记的亲自谋划、亲自部署、亲自推动下，成渝地区双城经济圈建设如火如荼。川渝两地以习近平新时代中国特色社会主义思想为指导，全面贯彻党的二十大精神，以习近平总书记对体育工作的系列重要讲话、指示批示精神为根本遵循，紧紧围绕两省市党委政府将成渝地区双城经济圈建设作为"一号工程"和"总牵引"的工作部署，实施"构建区域体育产业布局""建设现代体育产业工程""营造品质体育消费空间""培育壮大体育市场主体""强化产业要素创新驱动"五大重点任务，成渝地区双城经济圈体育产业一体化发展势头方兴未艾。

本书基于成渝地区双城经济圈建设的大背景，立足于成渝地区双城经济圈体育产业发展的现实基础，重点回答了"成渝地区双城经济圈体育产业发展现状如何""成渝地区双城经济圈体育产业一体化发展的现实基础是什么""推动成渝地区双城经济圈体育产业一体化的动力是什么及会产生什么样的预期效应"等问题。从学理和规律视野，本书构建了成渝地区双城经济圈体育产业一体化发展的理论架构；从实践操作层面，本书提供了成渝地区双城经济圈体育产业一体化发展的路径抉择。

本书思路清晰，逻辑严谨，内容丰富，体系完整，文笔流畅，在探讨和研究中，有不少关于成渝地区双城经济圈体育产业一体化发展的真知灼见，具有较强的理论学术价值与实践操作指导意义。

川渝两地协同推动体育产业一体化，为西部区域经济高质量发展提供了新动能，赋能打造中国第四增长极。基于体育产业与经济社会发展的内在联系和互动关系及成渝地区经济社会发展的客观要求，本书聚焦成渝地区双城经济圈之内的体育产业一体化发展，着力厘清成渝地区双城经济圈体育产业一体化发展的理论脉络，全面考察四川省、重庆市体育产业的发展现状与主要问题，探讨成渝地区双城经济圈体育产业一体化发展的现实基础、动力机制与发展效应，明确成渝地区双城经济圈体育产业一体化发展的必要性、有效性和可行性，对成渝地区双城经济圈体育产业的空间结构演变、协同发展及一体化水平测度进行理论探索和实证分析，为成渝地区双城经济圈体育产业的未来发展方向提供了较为坚实的理论支撑，是近年来探讨我国区域体育产业发展领域诸多研究成果中的一部力作，也是成渝地区双城经济圈体育产业一体化发展研究的重要成果。

本书是张永韬教授主持完成的四川省社会科学规划"重点研究基地重大项目"（SC21EZD005）的研究成果，同时是四川省首批哲学社会科学高水平研究团队"区域体育产业规划研究"的研究成果之一。永韬教授与我相识于他从事博士后研究工作期间。我作为他博士后开题及出站报告会的专家评审组组长，全程参与指导了永韬的博士后研究项目。在这期间，永韬勤奋好学、善于观察、敏于思考的特质令人印象深刻。特别是，永韬与我的渊源不止于此，永韬本科和博士所就读的高校，也是我长期工作的地方。自永韬主持该重大项目以来，他多次就该项目的研究构思、研究框架、研究方法等与我进行探讨，虽然我研究的领域不是体育产业，但是对区域经济较为熟悉，对该项目研究也提出过一些建议。令人欣慰的是，永韬在研究过程中，以该项目为基础，撰写了两篇学术论文在 CSSCI 来源期刊发表，结题等级为"良好"。

毋庸讳言，任何科学研究都有其历史性和阶段性。本书也难免有不够成熟的方面，有的观点和见地也不无商榷之处。但是，白璧微瑕，瑕不掩瑜。"成渝地区双城经济圈体育产业一体化发展研究"所形成的专著付梓出版，可喜可贺！可荐可读！愿读者从中受益！更期待张永韬教授及团队再接再厉，锲而不舍，不断有精品力作问世。

2023 年国庆前夕于青城山麓

前言

2020年1月，习近平总书记主持召开中央财经委员会第六次会议，做出推动成渝地区双城经济圈建设、打造高质量发展重要增长极的重大决策部署，为新时代成渝地区发展提供了根本遵循和重要指引。2021年10月，《成渝地区双城经济圈建设规划纲要》正式发布，提出突出重庆、成都两个中心城市的协同带动，打造带动全国高质量发展重要增长极和新动力源的要求，明确了成渝地区的发展定位。同月，国家体育总局发布的《"十四五"体育发展规划》提出推动体育融入国家重大区域发展战略，深入对接京津冀协同发展、长江经济带发展、粤港澳大湾区建设、长三角一体化发展、黄河流域生态保护和高质量发展等区域重大战略，以及成渝地区双城经济圈建设，促进体育区域间融合互动、融通补充。

2022年10月，党的二十大报告首次以中央文件的形式将成渝地区双城经济圈建设提升到与京津冀协同发展、长江经济带发展等国家区域重大发展战略相并列的地位，为新时代促进区域协调发展，形成优势互补、高质量发展区域经济布局提供了方向指引。成渝地区双城经济圈作为我国继京津冀、长三角、粤港澳大湾区之后的"第四极"，是构建以国内大循环为主体、国内国际双循环相互促进的新发展格局的一项重大举措。成渝两地协同发展共同推动体育产业一体化，使体育产业有效融入成渝地区双城经济圈，为西部区域经济高质量发展提供新动能，对打造中国第四增长极具有重要的现实意义。因此，基于体育产业与经济社会发展的内在联系和互动关系及成渝地区双城经济圈经济社会发展的客观要求，明确体育产业一体化发展既是成渝地区双城经济圈建设的重要内容和内在需求，也是加快建设成渝地区双城经济圈的重要支撑力量，推动成渝地区双城经济圈体育产业一体化发展对于整个经济圈及西部地区的体育产业都有极大的引领和示范作用。

为深入剖析成渝地区双城经济圈的体育产业一体化发展程度及问题，推动成渝地区双城经济圈体育产业的一体化发展，本书综合运用文献资料法、逻辑分析法等研究方法构建成渝地区双城经济圈体育产业一体化发展的理论分析框架，重点回答"成渝地区双城经济圈体育产业发展情况如何""成渝地区双城经济圈体育产业一体化发展的现实基础是什么""推动成渝地区双城经济圈体育产业一体化的动力是什么，会产生什么样的预期效应"等问题。引入社会网络分析法、复合系统协同度模型、相对价格法等从空间结构演变、协同发展、一体化水平测度三个视角对成渝地区双城经济圈体育产业的一体化发展进行实证分析，客观揭示成渝地区双城经济圈体育产业一体化发展的特征及问题，并提出合理化的建议。

本书共分为十章。第 1 章是绪论。基于对成渝地区双城经济圈体育产业一体化研究的背景进行分析，提出本书的研究背景与问题、研究内容与目的，继而针对研究内容，提出研究思路与方法，总结研究的意义及可能存在的创新之处。

第 2 章和第 3 章包括文献综述与理论基础。在对成渝地区双城经济圈、协同发展等相关概念进行辨析的基础上，对区域产业空间结构研究、区域产业一体化研究、成渝地区双城经济圈体育产业协同发展研究三个方面的文献进行系统梳理和归纳总结。以新经济地理学理论、增长极理论、产业梯度转移理论、产业集群理论作为区域体育产业一体化发展的理论基础，对成渝地区双城经济圈体育产业一体化的理论基础与现实依据进行阐释，以明确成渝地区双城经济圈体育产业一体化的必要性和可行性。

第 4 章至第 6 章包括成渝地区双城经济圈体育产业发展情况分析、成渝地区双城经济圈体育产业一体化发展动力与效应及国内其他区域体育产业一体化发展的实践与启示。从经济环境、自然环境、社会环境三个方面探讨成渝地区双城经济圈体育产业一体化发展的现实基础，阐释成渝地区双城经济圈体育产业一体化发展的动力机制和发展效应，分析长三角、京津冀与珠三角区域体育产业一体化的发展实践，进而阐述其对于成渝地区双城经济圈体育产业一体化发展的启示。

第 7 章至第 9 章主要对成渝地区双城经济圈体育产业的空间结构、协同发展及一体化水平测度进行实证研究。研究结果显示：在空间结构方面，成渝地区双城经济圈体育产业呈现以成都-重庆主城区为中心的"双核心"网络空间结构，具有空间分异和非均衡分布特征；在协同发展方面，成渝地区双城经济圈体育产业协同度从弱协同逐步稳定发展到良好协同，但还未达到高度协同状态，成渝地区双城经济圈体育产业的协同发展进程还有一定的空间；在一体化水平测度方面，成渝地区双城经济圈体育产业一体化发展依然处于体育市场的强烈整合阶段，一体化程度的加深在一定程度上助推了成渝地区双城经济圈的建设。

第 10 章是全书总结，主要包括研究结论、政策建议、研究展望与研究局限四个部分。研究结论部分对本书的核心内容，即空间结构、协同发展、一体化水平测度三个方面的实证研究进行进一步的总结归纳；政策建议部分提出推动成渝地区双城经济圈体育产业一体化发展的相关建议；研究展望部分结合本书的研究主题提出需要进一步深化研究的问题与思路；研究局限部分则指出本书研究中主客观上存在的不足与局限。

关键词：成渝地区双城经济圈，体育产业一体化，协同发展，空间结构

目 录

1 绪 论 1

1.1 研究背景与问题 1
1.1.1 成渝地区双城经济圈建设上升为国家区域重大发展战略 1
1.1.2 体育产业在促进区域经济转型升级中发挥着独特作用 2
1.1.3 体育产业一体化是成渝地区双城经济圈建设的重要支撑力量 4

1.2 研究内容与目的 5
1.2.1 研究内容 5
1.2.2 研究目的 7

1.3 研究思路与方法 7
1.3.1 研究思路 7
1.3.2 研究方法 8

1.4 研究意义与创新 9
1.4.1 研究意义 9
1.4.2 研究创新 10

1.5 本章小结 11

2 文献综述 14

2.1 核心概念界定 14
2.1.1 成渝地区双城经济圈 14
2.1.2 区域经济一体化 15
2.1.3 协同发展 16
2.1.4 体育产业一体化 17

2.2 区域产业空间结构研究······18
2.2.1 产业空间结构的演进······18
2.2.2 产业空间结构的布局模式······21
2.2.3 产业空间结构对经济的影响······22
2.2.4 体育产业空间结构相关研究······24

2.3 区域产业一体化研究······27
2.3.1 区域产业一体化的经济效应······28
2.3.2 区域产业一体化的影响因素······29
2.3.3 区域产业一体化的测度研究······30
2.3.4 区域产业一体化的发展模式······30
2.3.5 区域体育产业一体化······31

2.4 成渝地区双城经济圈体育产业协同发展研究······33
2.5 简要评述与展望······34
2.6 本章小结······35

3 区域体育产业一体化的理论基础······38

3.1 新经济地理学理论······38
3.2 增长极理论······40
3.3 产业梯度转移理论······41
3.4 产业集群理论······42
3.5 本章小结······44

4 成渝地区双城经济圈体育产业发展情况分析······46

4.1 成渝地区双城经济圈体育产业一体化发展的现实基础······46
4.1.1 成渝地区双城经济圈体育产业一体化发展的经济环境······46
4.1.2 成渝地区双城经济圈体育产业一体化发展的自然环境······48
4.1.3 成渝地区双城经济圈体育产业一体化发展的社会环境······49
4.1.4 成渝地区双城经济圈体育赛事的空间分布······53

4.2 四川省体育产业发展的情况及问题 ································55
　　4.2.1 四川省体育产业总体概况 ·······································55
　　4.2.2 四川省体育产业各行业的发展情况及主要问题 ·······56
4.3 重庆市体育产业发展的情况及问题 ································67
　　4.3.1 重庆市体育产业总体概况 ·······································67
　　4.3.2 重庆市体育产业各行业的发展情况及主要问题 ·······70
4.4 本章小结 ···83

5 成渝地区双城经济圈体育产业一体化发展动力与效应 ··········85

5.1 成渝地区双城经济圈体育产业一体化的动力机制 ········85
　　5.1.1 成渝地区双城经济圈体育产业一体化的外部动力 ···85
　　5.1.2 成渝地区双城经济圈体育产业一体化的内部动力 ···87
5.2 成渝地区双城经济圈体育产业一体化的发展效应 ········89
　　5.2.1 促进成渝地区双城经济圈体育产业的资源整合 ·······89
　　5.2.2 避免成渝地区双城经济圈体育产业的同构竞争 ·······90
　　5.2.3 提高成渝地区双城经济圈体育产业的整体实力 ·······90
5.3 本章小结 ···91

6 国内其他区域体育产业一体化发展的实践与启示 ··········93

6.1 国内其他区域体育产业一体化发展的实践 ····················93
　　6.1.1 长三角区域体育产业一体化发展 ·····························93
　　6.1.2 京津冀区域体育产业一体化发展 ·····························94
　　6.1.3 珠三角区域体育产业一体化发展 ·····························95
6.2 国内其他区域体育产业一体化发展的启示 ····················97
6.3 本章小结 ···98

7 成渝地区双城经济圈体育产业空间结构研究 ……… 100

7.1 成渝地区双城经济圈体育产业空间结构演变分析 ……… 100
7.1.1 成渝地区双城经济圈各城市发展水平演变分析 ……… 100
7.1.2 成渝地区双城经济圈各城市 GDP 的空间分布特征 ……… 101
7.1.3 成渝地区双城经济圈各城市体育产业总产值的空间分布 ……… 101

7.2 引入引力模型 ……… 103
7.3 引入社会网络分析法 ……… 108
7.4 数据来源与处理 ……… 110
7.5 成渝地区双城经济圈各城市体育产业空间结构特征分析 ……… 112
7.5.1 成渝地区双城经济圈各城市体育产业质量及经济联系总量的特征分析 ……… 112
7.5.2 成渝地区双城经济圈双核心的核心-边缘结构特征分析 ……… 114
7.5.3 成渝地区双城经济圈各城市间体育产业空间联系分布等级特征分析 ……… 118

7.6 成渝地区双城经济圈体育产业一体化空间结构特征分析 ……… 118
7.6.1 呈现以成都-重庆主城区为中心的"双核心"网络空间结构 ……… 118
7.6.2 整体网络结构特征分析 ……… 120
7.6.3 节点中心度特征分析 ……… 121
7.6.4 核心-边缘结构特征分析 ……… 124
7.6.5 块模型特征分析 ……… 125

7.7 本章小结 ……… 127

8 成渝地区双城经济圈体育产业协同发展研究 ……… 130

8.1 协同度测算模型选取与构建 ……… 130
8.1.1 复合系统协同度模型相关研究 ……… 130
8.1.2 协同度测算模型的选取 ……… 132
8.1.3 复合系统协同度模型的构建 ……… 134

8.2 成渝地区双城经济圈体育产业协同发展指标体系构建……138
 8.2.1 指标选取原则与依据……138
 8.2.2 评价指标体系的构建……139

8.3 基于复合系统协同度模型的成渝地区双城经济圈体育产业协同度测算与分析……141
 8.3.1 数据收集与处理……141
 8.3.2 测量结果与分析……143
 8.3.3 成渝地区双城经济圈体育产业系统协同度分析……153

8.4 本章小结……155

9 成渝地区双城经济圈体育产业一体化水平测度研究……157

9.1 一体化测度理论模型……157
9.2 一体化测度方法……158
9.3 数据收集与处理……159
9.4 结果与分析……162
 9.4.1 成渝地区双城经济圈体育产业一体化发展依然处于体育市场的强烈整合阶段……162
 9.4.2 成渝地区双城经济圈体育产业一体化水平逐步提高但依旧滞后于经济一体化程度……164
 9.4.3 成渝地区双城经济圈体育产业一体化过程中成渝两大中心城市发挥着引领作用……165
 9.4.4 成渝地区双城经济圈体育产业一体化的演变呈现出先短暂扩大后长期收缩的特征……166
 9.4.5 成渝两地体育产业一体化程度的加深在一定程度上助推了成渝地区双城经济圈的建设……167

9.5 本章小结……168

10 全书总结……170

10.1 研究结论……170
10.2 政策建议……173
10.2.1 以顶层设计为引领，驱动成渝地区双城经济圈体育产业整合……173
10.2.2 赋能产业数字化，实现成渝地区双城经济圈体育市场智能化……175
10.2.3 调整空间格局，优化成渝地区双城经济圈体育市场空间结构……177
10.2.4 优势互补，打造成渝地区双城经济圈体育产业示范园区……178
10.3 研究展望……180
10.4 研究局限……181

参考文献……183

后记……191

绪 论 1

1.1 研究背景与问题

1.1.1 成渝地区双城经济圈建设上升为国家区域重大发展战略

自 2000 年以来，成渝地区一直是国家关心和建设的重点，谋划推动成渝地区的发展一直持续至今。2005 年，成渝地区被国家发展和改革委员会（以下简称国家发展改革委）纳入了国家"十一五"前期规划中，首次进入中央政府视野；2005 年，国务院在全国范围内选择了四个区域启动区域规划编制试点工作，成渝地区位列其中而跻身于中国四大经济区；2007 年 7 月，国家发展改革委召集川渝地区发展改革委有关人员召开了成渝经济区规划编制前期工作座谈会，会议正式通报成渝经济区规划已纳入国家区域规划编制工作范畴；2011 年，国务院批准《成渝经济区区域规划》，明确要求把成渝经济区建设成为西部地区重要的经济中心，这是关于成渝地区区域经济发展的第一个国家级规划方案。2016 年 3 月，国务院常务会议通过《成渝城市群发展规划》，并要求把成渝城市群打造成引领西部开发开放的国家级城市群，同年 5 月，国家发展改革委、住房和城乡建设部联合印发《成渝城市群发展规划》。

2020 年 1 月，习近平总书记主持召开中央财经委员会第六次会议并发表重要讲话，会议强调要推动成渝地区双城经济圈建设，成渝地区双城经济圈建设正式上升为国家层面的战略决策①。同年10月，中共中央政治局召开会议审议《成渝地区双城经济圈建设规划纲要》，会议明确要求成渝地区双城经济圈要健全合作机制，打造区域协作的高水平样板。2021年10月，中共中央、国务院正式印发《成渝地区双城经济圈建设规划纲要》，标志着成渝地区双城经济圈迈上了加快推动高质量发展的新征程。2022年10月，党的二十大报告将成渝地区双城经济圈建设列为国家区域重大发展战略，进一步强化了成渝地区双城经济圈建设的战略地位。从规划"成渝经济区"到"成渝城市群"，再到现在的建设"成渝地区双城经济圈"，体现了中共中央对成渝地区发展的高度重视。

成渝地区双城经济圈建设具有非常重要的战略意义。首先这是国家优化区域经济布局的战略性决策，将进一步缩小改革开放以来东西部地区经济发展所呈现的较大差距。其次这有利于形成高质量发展的增长极，成渝地区双城经济圈的人口数量、科技实力、产业体系等在西部地区都有着较强的发展优势，会对西部地区其他区域产生较强的辐射作用，同时能够在很大程度上解决西部发展的不平衡问题，这也意味着成渝地区双城经济圈将与长三角、京津冀、粤港澳构成菱形结构支撑中国经济，成为西部经济新的增长点。

1.1.2 体育产业在促进区域经济转型升级中发挥着独特作用

体育产业作为"五大幸福产业"之一，是典型的绿色产业和朝阳产业，具有高度的融合性特征，其融合度强、辐射广、产业链长的特点决定它能够成为区域经济转型升级的催化剂。2021年10月，国家体育总局发布的《"十四五"体育发展规划》提出要推动体育融入国家重大区域发展战略②，深入对接京津冀协同发展、长江经济带发展、粤港澳大湾区建设、长三角一体化发展、黄河流域生态保护和

---

① 佚名. 习近平主持召开中央财经委员会第六次会议[EB/OL]. （2020-01-03）[2023-05-05]. http://www.gov.cn/xinwen/2020-01/03/content_5466363.htm?tdsourcetag=s_pcqq_aiomsg.
② 林德韧, 王镜宇. 国家体育总局发布《"十四五"体育发展规划》[EB/OL].（2021-10-26）[2023-05-05]. http://www.gov.cn/ xinwen/2021-10/26/content_5644894.htm.

高质量发展等区域重大战略，以及成渝地区双城经济圈建设，促进体育区域间融合互动、融通补充。长三角区域是我国最早开展体育产业协作的区域之一。2015年，长三角区域体育产业总产值达到5589.66亿元，增加值为1812.93亿元，分别为成渝地区双城经济圈的5.87倍、4.85倍，并且体育产业总产值在持续扩大；2017年，长三角区域体育产业总产值增加至7473.57亿元，增加值达2691亿元，增加值增长率为24.8%，成渝地区双城经济圈体育产业总产值的增加值增长率仅为14.07%；2018年，长三角区域体育产业的增加值为2948亿元，在GDP（Gross Domestic Product，国内生产总值）中的占比达到1.4%，体育产业对区域经济的贡献率逐步提高（图1-1）。由此可见，体育产业的一体化俨然已经成为长三角区域经济转型升级的重要驱动力。

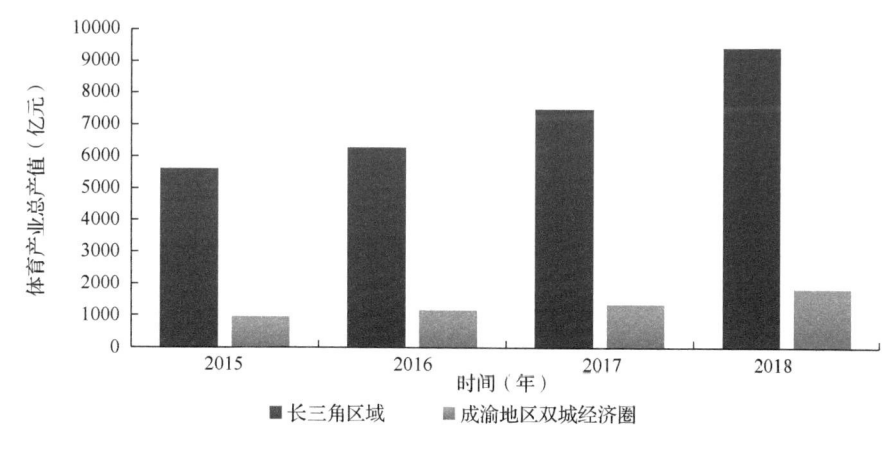

图1-1　2015—2018年两区域体育产业总产值

（数据来源：上海市、江苏省、浙江省、安徽省、四川省、重庆市体育局官网。）

成渝两市作为成渝地区双城经济圈中人口密度和城镇化率最高、体育产业份额最大的城市，体育产业结构得到进一步优化，2020年成渝地区双城经济圈体育产业增加值为847.39亿元，体育服务业增加值为675.87亿元[①]，体育产业的一体化发展将会激发出区域经济转型的新动能。

---

① 数据由成渝地区双城经济圈覆盖区域官方发布数据统计所得。

1.1.3 体育产业一体化是成渝地区双城经济圈建设的重要支撑力量

2016年，全国体育产业的GDP拉动率为0.1423%[①]，体育产业对区域经济增长起到了很大的推动作用，呈现出东部和中部明显高于西部的发展格局，西部体育产业的增长速度较快，依然有较大的提升空间。探索体育产业的一体化发展既是引领区域体育产业高质量发展的关键抓手，也是建设成渝地区双城经济圈的重要推动力。首先，体育产业一体化能够促进多元化城市网络的构建，体育产业较强的关联性能够带动其他相关产业发展。例如，大型赛事的联合举办加快了区域城市间的基础设施建设，由此便构成城市间硬件设施上的交通网络。其次，体育产业一体化能够提升经济圈内文化软实力，能够吸引不同区域的人力、物力、资金、技术等，提升经济圈内城市群知名度，推动区域内外的交流合作。再次，体育产业一体化模式和创新实践将为成渝地区双城经济圈内其他产业的现代化路径实施提供借鉴。

2020年4月，川渝地区体育部门就成渝地区体育公共服务融合发展问题达成了战略合作框架协议，拉开了成渝地区体育融合发展的序幕，此后，《共同推动成渝地区双城经济圈体育场馆协同发展战略合作框架协议》《推动成渝双城经济圈建设体彩协同发展战略协议》等战略性合作协议应声落地。一系列战略协议的签订体现了两省市体育产业相关领域的合作意愿日益强烈，两地政府从成渝地区双城经济圈整体利益出发进行的战略合作必然促成两地政府共同参与实施成渝地区双城经济圈体育产业一体化战略实施的行为动机。可以看到，目前成渝地区双城经济圈体育产业的一体化发展已按下"启动键"，实质性的领域合作也将稳步推进，作为加快建设成渝地区双城经济圈的重要支撑力量，成渝两地协同发展，共同推动体育产业一体化，使体育产业有效融入成渝地区双城经济圈，为西部区域经济高质量发展提供新动能，对打造中国第四增长极具有重要的现实意义。

---

① 赵轶龙，戴腾辉. 我国体育产业发展过程中的区域性特征分析——基于现有省际数据[J]. 中国体育科技，2019，55（4）：31-42，80.

1.2 研究内容与目的

1.2.1 研究内容

本书的研究基于成渝地区双城经济圈建设的大背景及区域经济一体化理论，立足于成渝地区双城经济圈体育产业发展的现实基础，重点考查成渝地区双城经济圈体育产业的空间结构演变、协同发展及一体化水平测度，力求构建成渝地区双城经济圈体育产业一体化发展的理论架构，以期为推动成渝地区双城经济圈体育产业的一体化发展提供理论借鉴。本书的研究内容主要包括以下五个方面。

（1）成渝地区双城经济圈体育产业一体化发展的理论基础与现实依据。本书将通过梳理和回顾现有体育产业一体化研究，透视体育产业发展一体化的相关理论，立足于国内区域经济发展战略规划及成渝地区双城经济圈的背景，对成渝地区双城经济圈体育产业一体化的理论基础与现实依据进行阐释，以明确成渝地区双城经济圈体育产业一体化的必要性和可行性。

（2）成渝地区双城经济圈体育产业一体化发展的现实基础、动力机制与发展效应。全面考查四川省、重庆市体育产业的发展情况与主要问题，探讨成渝地区双城经济圈体育产业一体化发展的现实基础、动力机制与发展效应，借鉴国内其他区域体育产业一体化发展的成果，为本书后续对成渝地区双城经济圈体育产业的空间结构演变、协同发展及一体化水平测度进行研究奠定基础。

（3）成渝地区双城经济圈体育产业一体化发展的空间结构。产业空间结构联系在促进区域一体化发展中发挥着重要的连接与纽带的作用，促进成渝地区的产业空间结构联系是实现成渝地区双城经济圈一体化和区域战略目标的重要措施，体育产业领域也不例外。在成渝地区双城经济圈协同发展备受关注的当下，本书探讨成渝地区双城经济圈体育产业一体化发展的空间结构关联，对该区域空间体育产业的发展特征、发展模式及空间区域之间的差距与联系进行分析。

（4）成渝地区双城经济圈体育产业协同发展。将成渝地区双城经济圈体育产业协同发展作为出发点，先以成渝地区协同发展情况及学者研究经验为指标选取依据，再以科学性、系统性、数据可获得性、特殊性和独立性为指标选取原则，从市场水平、发展基础、产业环境及发展潜力四个层面构建川渝地区体育产业协同发展水平的评价指标体系，并进行评价指标体系原始数据的收集及标准化处理，运用相关矩阵赋权法对这些指标进行权重赋值，使用复合系统协同度模型对川渝地区的体育产业发展协同度进行测算。

（5）成渝地区双城经济圈体育产业一体化水平测度研究。现有的文献显示，拥有一致的体育市场是区域体育产业一体化能够实现的重要影响因素。因此，通过测算成渝地区双城经济圈体育市场的分割程度可以真实地反映出其体育产业一体化发展的状况。本书将综合分析成都市与重庆市体育市场的发展概况，引入相对价格法，利用成渝两地统计局官网公布的年度统计公报数据，对成渝双城体育市场进行测算。

本书的研究内容如图 1-2 所示。

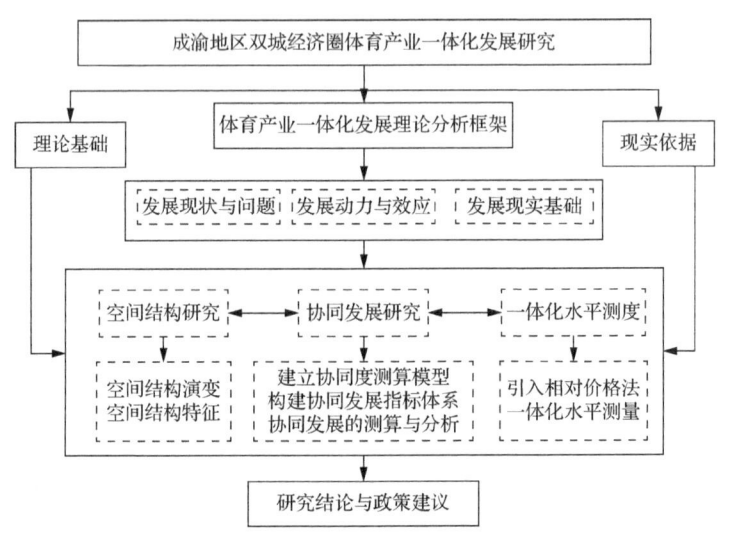

图 1-2 本书的研究内容

1.2.2 研究目的

本书研究的主要目标是分析成渝地区双城经济圈体育产业的一体化发展情况，回答成渝地区双城经济圈体育产业在一体化实践中所呈现的发展动力与效应、空间结构、协同发展及一体化水平测度等问题。因此，本书的研究目的主要包括以下两个方面。

（1）分析成渝地区双城经济圈体育产业发展情况。基于成渝地区双城经济圈的社会大环境，从经济、自然、社会方面分析其体育产业一体化发展的现实基础，以成都市、重庆市及成渝地区双城经济圈内的部分代表性城市为对象探讨其体育产业的发展情况及突出问题，探讨成渝地区双城经济圈体育产业一体化发展的动力和一体化发展可能带来的预期效应。

（2）从空间结构、协同发展、一体化水平测度三个方面分析成渝地区双城经济圈体育产业的发展特征并提出发展建议。借助社会网络分析（Social Network Analysis，SNA）法探讨成渝地区双城经济圈体育产业一体化发展的空间网络结构特征，基于复合系统协同度模型分析成渝地区双城经济圈体育产业的协同度，引入相对价格法对成渝地区双城经济圈体育产业一体化程度进行测度。

1.3 研究思路与方法

1.3.1 研究思路

笔者汲取前人的研究成果，厘清当前成渝地区双城经济圈体育产业发展存在的问题及产生问题的原因，在回顾我国体育产业一体化演进脉络和比较其他区域体育产业一体化发展的基础上，密切围绕成渝地区双城经济圈体育产业一体化发展的理论基础、发展情况、发展动力与效应进行理论演绎,从空间结构、协同发展、一体化水平测度三个方面对成渝地区双城经济圈体育产业的一体化发展进行实证分析,提出成渝地区双城经济圈体育产业一体化发展的合理化建议,以期促进区域体育产业的高质量发展及推动体育产业成长,为国民经济支柱型产业提供一定的理论指导和实践指南。本书的研究思路如图1-3所示。

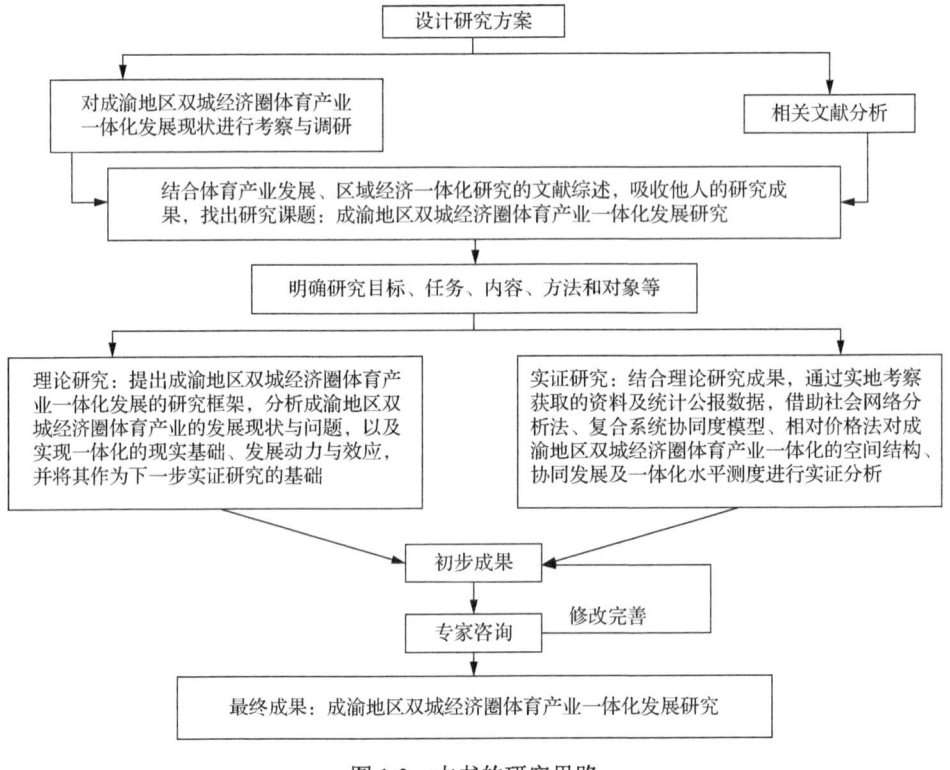

图 1-3　本书的研究思路

1.3.2　研究方法

在研究方法上,根据研究内容与目的,本书采取理论研究与实证研究相结合、定性分析与定量分析相结合的方法,基于不同的研究内容采取不同的研究方法,具体如下。

（1）文献资料法。通过中国知网、Web of Sience 等途径，收集与选题相关的国内外期刊、硕博士毕业论文、书籍并进行梳理。主题涉及区域一体化、体育产业协同、空间结构一体化等方面。同时通过成渝地区双城经济圈所覆盖区域的统计局官网公布的统计年报、相关数据库搜集成渝地区双城经济圈体育产业数据。

（2）逻辑演绎法。对现有国内外相关研究成果进行系统分析，将具备现实意义的方法和理论应用于成渝地区双城经济圈体育产业一体化发展研究上进行逻辑演绎，具体涉及成渝地区双城经济圈体育产业发展情况、形成动力、行为主体、发展路径等理论性分析。

（3）社会网络分析法。在实证分析过程中，引入引力模型和社会网络分析法等，基于一系列数据，对成渝地区双城经济圈体育产业一体化发展水平、空间关联水平进行定量测度与分析。

（4）指标体系评价法。不仅要构建协同发展水平评价体系并根据该评价体系查找实证数据，还要构建成渝地区双城经济圈体育产业协同发展现状的测量模型并根据该模型测算有序度贡献值、子系统有序度和复合系统协同度，以增加论证的科学性和规范性，以及研究成果的严谨性和说服力。

（5）相对价格法。选择成渝地区双城经济圈中体育产业发展最具有代表性的两个城市，即成都市与重庆市，将其作为研究对象，构建成渝地区两市体育娱乐用品的面板数据，引入相对价格法进行一体化测度分析。

1.4 研究意义与创新

1.4.1 研究意义

基于选题背景及文献梳理，可以看出成渝地区双城经济圈体育产业一体化发展的理论研究需要进一步深化，可以说本书的研究主要来源于地方实践的推动和政府体育管理的客观需要。因此，对成渝地区双城经济圈体育产业一体化发展问题进行系统、科学的研究具有重要的价值。

（1）理论意义。立足于牢固树立一盘棋思想和一体化发展理念，在体育产业高质量发展的背景下，构建具有理论导向的实证分析框架，解构成渝地区双城经济圈体育产业一体化的理论内涵、现实基础和发展进程，为政府在成渝地区双城经济圈体育产业一体化的政策制定和实践操作方面提供理论支持。同时本书对成渝地区双城经济圈体育产业一体化的空间结构、协同发展及一体化水平测度进行实证分析，有利于完善且深化成渝地区双城经济圈体育产业一体化的理论研究，丰富与拓展区域体育产业的研究范围。

（2）应用价值。本书旨在明晰成渝地区双城经济圈体育产业一体化发展的现实问题。通过成渝地区双城经济圈体育产业一体化的研究，为决策部门的事前契约设计提供理论依据和政策建议，以保证政府、市场和社会组织各主体目标协调一致，形成成渝地区双城经济圈体育产业发展的高效协作机制和良性竞合关系，有利于充分发挥成渝两市的辐射作用，促进体育资源在经济圈之内的合理流动，带动成渝地区两大中心城市之外其他地区的体育产业发展。

1.4.2 研究创新

区域体育产业一体化发展是当前成渝地区双城经济圈体育产业发展存在的一个重要问题，虽然政府的政策引导及各种协定频出，但是相关的研究成果并不多见，与已有的研究成果相比，本书的研究创新体现在以下四个方面。

（1）研究对象的选择。自成渝地区双城经济圈发展战略提出之后，在此背景下涉及体育产业的相关研究较少，仅有的研究主要以高等教育、交通领域等为研究对象，本书的研究对象首次聚焦于经济圈之内的体育产业一体化发展，因此研究成渝地区双城经济圈体育产业一体化发展具有较为独特的视角，使得本书的研究有别于现有的相关研究。

（2）构建比较完整的理论分析框架。本书将构建成渝地区双城经济圈体育产业一体化发展的理论分析框架，从理论上阐释"成渝地区双城经济圈体育产业发展情况如何""成渝地区双城经济圈体育产业一体化发展的现实基础是什么""推动成渝地区双城经济圈体育产业一体化的动力是什么，会产生什么样的预期效应"等问题，为政府制定促进成渝地区双城经济圈体育产业一体化发展政策提供理论支撑。

（3）运用有效的方法进行实证分析。针对不同的研究问题，本书运用不同的研究方法进行实证分析，分别采用社会网络分析法、复合系统协同度模型、相对价格法等对成渝地区双城经济圈体育产业一体化发展进行实证研究，较为完整、系统地评价成渝地区双城经济圈体育产业一体化发展的现实问题。

（4）提出切合实际的政策建议。本书创新地阐释成渝地区双城经济圈体育产业一体化发展的内在机理，科学地定位成渝地区双城经济圈体育产业一体化发展的影响效应，合理地评价当前成渝地区双城经济圈体育产业的一体化发展，根据体育产业一体化发展的特征及实证分析结果，结合成渝地区双城经济圈的战略背景与区域体育产业高质量发展的大背景，提出成渝地区双城经济圈体育产业一体化发展的合理化建议。

1.5 本章小结

本章重点介绍了本书的研究背景与问题、研究内容与目的、研究思路与方法及研究意义与创新。

一是研究背景与问题。对成渝地区双城经济圈体育产业一体化发展的背景与问题分析，主要基于三个方面：成渝地区双城经济圈建设上升为国家区域重大发展战略、体育产业在促进区域经济转型升级中发挥着独特作用、体育产业一体化是成渝地区双城经济圈建设重要的支撑力量。

二是研究内容与目的。本书的研究基于成渝地区双城经济圈建设背景及成渝地区双城经济圈体育产业发展的现实基础，密切围绕成渝地区双城经济圈体育产业一体化发展的理论基础、发展情况、动力与效应进行理论演绎，在理论研究的基础上，进一步探索成渝地区双城经济圈体育产业的空间结构演变、协同发展及一体化水平。本书的研究内容主要包括以下五个方面：①成渝地区双城经济圈体育产业一体化发展的理论基础与现实依据；②成渝地区双城经济圈体育产业一体化发展的现实基础、动力机制与发展效应；③成渝地区双城经济圈体育产业一体化发展的空间结构；④成渝地区双城经济圈体育产业协同发展；⑤成渝地区双城经济圈体育产业一体化水平测度研究。本书的研究目的主要包括以下两个方面：①分析成渝地区双城经济圈体育产业发展情况，探讨成渝地区双城经济圈体育产业一体化发展动力和预期效应；②从空间结构、协同度、一体化测度三个方面分析成渝地区双城经济圈体育产业的发展特征并提出发展建议。

三是研究思路与方法。就研究思路而言，本书首先通过文献分析和理论分析找出研究机会；其次确定研究目标、任务、对象、内容和方法；再次进行研究准备和建立理论框架，通过五个部分的研究，步步深入地阐释成渝地区双城经济圈体育产业的发展情况，以及一体化发展的现实基础、动力与效应等；最后形成研究成果。就研究方法而言，本书主要采用文献资料法、逻辑演绎法、社会网络分析法、指标体系评价法及相对价格法。

四是研究意义与创新。就研究意义而言，构建具有理论导向的实证分析框架，即动力、效应、模式的分析框架，解构成渝地区双城经济圈体育产业一体化的理论内涵、现实基础和发展进程，为政府在成渝地区双城经济圈体育产业一体化的政策制定和实践操作方面提供理论支持,有利于完善且深化成渝地区双城经济圈体育产业一体化的理论研究,丰富与拓展区域体育产业的研究范围。就研究创新而言,主要体现在以下四个方面:①研究对象的选择;②构建比较完整的理论分析框架;③运用有效的方法进行实证分析;④提出切合实际的政策建议。

文献综述 2

2.1 核心概念界定

2.1.1 成渝地区双城经济圈

按照研究的缘起和时间脉络，成渝地区的研究按照"成渝经济区—成渝城市群—成渝地区双城经济圈"的路径逐步演进。

2001年，在实施西部大开发的背景下，为充分发挥成渝在西部大开发中的带动作用，成渝两地签订《重庆—成都经济合作会谈纪要》，提出携手打造"成渝经济走廊"。2003年，在中国科学院研究报告《中国西部大开发重点区域规划前期研究》中第一次出现"成渝经济区"的概念，提出要积极构建以成渝两大都市为中心、各级中心城市相互联系和合作的中国西部最大的双核城市群，形成西部大开发的最大战略支撑点和长江上游经济带的核心。由此，成渝经济区开始进入学者们的研究视野，他们主要着眼于发展成渝经济区的依据及必要性。成渝城市群是指以特大城市为核心，以自然资源、交通网、信息网等为依托，规模、结构相异的城市相互联系而构成的城市"集合体"[1]。根据增长极理论可以认定，一个国家、地区要实现经济的跨越式发展会依靠增长极向其他地区传导，而城市群则发挥着增长极的功能。城市群经济的发展则要以产业群为基础，产业群落、交通运输网络、优势城市共同构成了城市群发展最为关键的物质基础[2]。

---

[1] 姚士谋，朱英明，陈振光. 中国城市群[M]. 2版. 合肥：中国科学技术大学出版社，2001：3.
[2] 罗洪群，肖丹. 产业集聚支撑的川渝城市群发展研究[J]. 软科学，2008，22（12）：102-105.

成渝地区双城经济圈位于长江上游，地处四川盆地，东邻湘鄂、西通青藏、南连云贵、北接陕甘，是我国西部地区发展水平最高、发展潜力较大的城镇化区域，是实施长江经济带和"一带一路"倡议的重要组成部分。根据《成渝地区双城经济圈建设规划纲要》的规划范围，成渝地区双城经济圈主要包括重庆市的中心城区和万州、涪陵、綦江、大足、黔江、长寿、江津、合川、永川、南川、璧山、铜梁、潼南、荣昌、梁平、丰都、垫江、忠县等27个区（县）及开州、云阳的部分地区，四川省的成都、自贡、泸州、德阳、绵阳（除平武县、北川县外）、遂宁、内江、乐山、南充、眉山、宜宾、广安、达州（除万源市外）、雅安（除天全县、宝兴县外）、资阳等15个市。成渝地区双城经济圈的规划范围虽较为广泛，但具体到现阶段成渝地区双城经济圈内的体育产业和体育市场依然是以成都市、重庆市两个中心城市为主，其他地区体育产业发展较为滞后，体育市场的相关数据较为短缺。

2.1.2 区域经济一体化

Haas将区域一体化定义为一个过程，在这个过程中，几个不同民族和国家的政治行为者被说服将他们的发展战略和政治活动转向一个新的中心机构，该机构对现有的参与国拥有一定的管理权，从而实现一体化的正常运作[1]。在Haas看来，区域一体化不是维护和平和现有国家体系的努力，也不是通过世界联盟建立世界政府的前奏，而是一个缓慢的过渡过程，从一个个孤立的国际体系转型为一个合作、协调不断增强的新国际体系，减少了个体之间发生冲突的可能性，实现和谐。Havens和Balassa同样将区域一体化概括为国家或集团之间政治、经济等领域日益相互作用并相互依存的过程[2]。

Kumar根据2014年11月在新德里举行的第七届南亚经济峰会关于区域互联

---

[1] HAAS E B. The challenge of regionalism[J]. International organization, 1958, 12(4): 440-458.
[2] HAVENS R M, BALASSA B. The theory of economic integration[M]. London: Allen&Unwin, 1961: 1-2.

互通的全体会议上的特别发言，指出区域经济一体化是后金融危机阶段经济增长的重要引擎[①]。Dalimov 认为国际区域经济一体化是统一独立经济领域的过程：通过取消关税壁垒和非关税壁垒增加经济联盟成员之间的贸易往来，激发区域内经济活力[②]。换言之，即各区域内的各经济体逐步消除货物、服务、资本和劳动力自由流动的障碍。国内学者陈王和龙诗指出区域经济一体化是具备一定地理条件的国家以消除贸易壁垒而达成一系列协议，同时可以制定对外政策，促进区域内资源合理配置的过程[③]。孟庆民将区域经济一体化与区域市场一体化相等同，其过程为：产品市场一体化—生产要素一体化—经济政策一体化。因此可将区域经济一体化概括为以区域内经济利益最大化、提高区域经济对外竞争力为目标达成协议的一种过程[④]。

按照《成渝地区双城经济圈建设规划纲要》中提出的成渝地区须牢固树立一盘棋思想和一体化发展理念的要求，成渝地区需要通过消除地区间的行政壁垒，破除"块块分割"的发展态势，促进生产要素的合理流动，有效配置资源，以实现成渝地区双城经济圈区域经济一体化的发展。

2.1.3 协同发展

1969 年，德国科学家赫尔曼·哈肯（Hermann Haken）第一次提出"协同学"这一概念，他认为协同就是社会环境中存在着各种各样的系统，系统间的各部分高度协作，系统内的各部分从混沌向有序转化，进而出现一种新的有序性并产生一种超越各自动能的更大能量[⑤]。后来，学者们将哈肯的协同思想与方法应用于包

---

① KUMAR N. Reforms and global economic integration of teh Indian economy: emerging patterns, challenges, and future directions[M]//GOYAL A. A concise handbook of the Indian economy in the 21st century. New York: Oxford University Press, 2015: 124-160.

② DALIMOV R T. The dynamics of trade creation and trade diversion effects under international economic integration[J]. Current research journal of economic theory, 2009, 1(1): 1-4.

③ 陈王，龙诗. 区域经济一体化对国家发展战略的影响[J]. 经济导刊，2010（9）：74-75.

④ 孟庆民. 区域经济一体化的概念与机制[J]. 开发研究，2001（2）：47-49.

⑤ 哈肯. 协同学：大自然构成的奥秘[M]. 凌复华，译. 上海：上海译文出版社，2013：89-95.

括生态环境与消费结构、现代金融与物流业及区域创新系统与区域主导产业的社会经济协同发展研究中。在关于协同发展的概念上，唐宋元综合多种理论后指出协同发展是为了使多个利益主体或多个系统的整体利益最大化（或实现某一功能目标），采用一致的策略与行动来使整体一起进步或发展的过程[①]。李丽和张益民则提出协同发展指协调多个（至少两个）不同资源或者个体，互相协作以完成某个目标，来达到多方共同发展的双赢效果[②]。周晓雯认为协同发展指两个不同的或者更多的个体，通过相互协作一起完成某一项任务或者使达成某一目标，因而达到一同发展的双赢效果。她还认为协同发展与优胜劣汰有所不同，优胜劣汰是一种势如水火、互不相容的状态，而协同发展强调一种"共生共荣"的状态，即达到一种平衡的状态[③]。

综上，本书所指的协同发展指不同城市、地区之间为了使整体利益最大化或完成共同的目标，通过高度协作的方式，实现共同发展的双赢甚至多赢的效果。

2.1.4 体育产业一体化

周清明和周咏松指出体育产业一体化指以体育企业之间分工协作为基础，通过体育产业生产要素在一定区域内的流动，带动区域体育产业整体协调发展。同时他们将成渝地区体育产业一体化界定为成渝地区通过消除行政界限，基于地理临近和具有关联性的体育产业，通过体育资源、市场共享及体育产品差异形成的竞争优势来提高区域体育产业的整体实力[④]。孙立海等则更加具体地把体育产业一体化概括为主体关系一体化、产业政策一体化、产业管理一体化和规划布局一体化四个方面[⑤]。廉涛和黄海燕将区域体育产业一体化视为获得潜在利润的制度创

[①] 唐宋元. 港口群协同发展的内涵、目标与意义[J]. 港口经济, 2013, 21（6）: 11-15.
[②] 李丽, 张益民. 京津冀流通业与区域经济协同演进分析[J]. 中国名城, 2014, 15（12）: 31-35.
[③] 周晓雯. 京津冀港口与腹地产业协同发展研究[D]. 石家庄: 河北师范大学, 2016: 29-34.
[④] 周清明, 周咏松. 成渝地区体育产业一体化开发的政府合作机制研究[J]. 成都体育学院学报, 2008, 34（11）: 25-28.
[⑤] 孙立海, 赵道静, 刘金波. 武汉城市圈体育产业一体化发展研究[J]. 武汉体育学院学报, 2011, 45（12）: 60-63.

新过程，其根本属性是制度的变迁[①]。

在成渝地区双城经济圈建设成为国家区域发展重大战略的新时代背景下，结合国家层面推动体育产业逐步成为国民经济支柱性产业，树立建设体育强国的远景目标，因为体育产业一体化为区域经济发展过程中独特的产业一体化现象，所以推动成渝地区双城经济圈体育产业一体化是经济社会发展的客观要求。本书将成渝地区双城经济圈体育产业一体化视为体育产业一体化发展的重要组成部分，重塑川渝地区体育产业发展的竞合关系，有效整合成渝地区双城经济圈内的体育资源，促进体育生产要素在区域内的自由流动，产生规模经济，以实现区域的体育产业一体化。

2.2 区域产业空间结构研究

2.2.1 产业空间结构的演进

什么是产业空间结构？它是怎么演变而来的？其内涵是什么？首先要清楚产业结构与空间结构是区域结构的两个核心内容，是互动的两个方面，不同的产业部门有不同的布局要求，产业结构不同，所形成的空间组合也不同，空间景观差异很大。反之，空间结构的变化也会影响产业结构的演变。随着现代经济的不断发展，区域产业结构正向着相互融合、更为密切的方向转变，产业空间结构日益成为国内学者关注的焦点。

产业空间结构的演进可分为三个阶段。一是萌芽阶段：产业空间结构始于对古典区位理论的研究，其中包括 Von Thünen 的农业区位论、Weber 的工业区位论、Christaller 的中心地理论及 A.Losch 的市场区位论，形成早期四大区位理论[②]，主

---

① 廉涛，黄海燕．长三角体育产业高质量一体化发展研究[J]．中国体育科技，2020，56（1）：67-74.
② 王伟，吴志强．中国城市群空间结构与集合能效研究[M]．上海：同济大学出版社，2017：8.

要研究单个或是某一方面的经济客体（如农业种植、工业企业、城镇、市场）的空间分布与关系。这一阶段的研究以假设为前提，主要是静态的局部均衡区位理论，首次实现空间与经济发展相结合，并为产业空间结构理论研究奠定基本框架。二是发展阶段：20世纪50—70年代，是二战后各国谋求经济复苏的时期，重点在于区域经济发展和区域政策研究，在这一时期形成了许多重要的区域发展理论与模式，其中最具代表性的有F.Perroux的增长极理论、G.Mydral的积累循环因果关系理论、A.O.Hirschman的不平衡增长理论、Williamson的倒"U"型理论、J.Friedmann的中心-边缘理论[1]。这一阶段在原有的区位理论基础上实现从单个向总体研究、从微观向宏观研究、从假设向实际应用研究、从局部向整体研究及从静态向动态研究。三是提升阶段：20世纪80年代，世界各国面对经济危机的影响，再次调整空间和经济发展模式。P.Krugman发表《报酬递增和经济地理》（*Increasing Returns and Economic Geography*）拉开了新经济地理的序幕，主要解释空间经济的产业集群问题，为产业空间理论的提升构建新框架[2]。Venables和Limao认为规模递增和垄断收益对于产业的区位选择具有重大影响，并建立贸易模型[3]。产业聚集形成的规模效应是一把双刃剑，带来好处的同时伴随着问题的出现，如形成"核心—周边"的格局，造成产业空间结构发展的不平衡、分布的不均匀，并且在这一阶段主要研究产业聚集的某一方面，研究视角相对狭窄，没有全面考虑影响社会发展的其他因素。随后Alonso-Villar、Feddersen分别将环境变化、交通阻塞、可持续发展、技术创新等因素纳入研究范围，虽然在一定程度上增加了经济地理产业集聚研究的内容，但都是从宏观角度进行的简单探索，没有进行更深入的了解[4][5]。

---

[1] FRIEDMANN J. Regional development policy: a case study of Venezuela[M]. Cambridge: MIT Press, 1966: 102-160.

[2] KRUGMAN P. Increasing returns and economic geography[J]. Journal of political economy, 1991, 99(3): 483-499.

[3] VENABLES A J, LIMAO N. Geographical disadvantage: a heckscher-ohlin-von thunen model of international specialization[J]. Journal of international economics, 2002, (58)2: 239-263.

[4] ALONSO-VILLAR O. A model of economic geography with demand-pull and congestion costs[J]. Papers in regional science: the Journal of the regional science association international, 2008, 87(2): 261-276.

[5] FEDDERSEN J. Environmental policy, agglomeration and firm location[D]. Oxford: University of Oxford, 2010: 23.

我国对于产业空间结构的研究起步相对较晚，这与我国国情发展情况相关。经过多年的探索，我国逐步形成了长三角、京津冀、粤港澳大湾区及成渝地区双城经济圈等国家区域发展战略布局。结合我国国情，在借鉴已有研究的基础上，我国学者对于产业空间结构的研究持续深入。从我国目前的区域经济发展基本态势、部分区域发展面临的现实情况看，城市群是促进区域协调发展的重要空间形态，以城市群为核心的区域协同发展是新时期总体发展战略中的重要组成部分[①]。朱少非等从制造业、农业、金融业、交通物流业全面分析长江经济带各省域之间的空间集聚情况，认为城市群化是产业集聚的最优化，并根据产业集聚的空间格局情况，提出统筹区域、产业协同、坚持可持续发展的建议[②]。袁鹏等及徐丹和于渤指出经济发展水平较高的城市能够更有效地吸引高新技术产业的集聚，从而使该区域的空间联系更加紧密，并进一步地提升区域的产业技术升级，间接促进临近区域的集聚程度[③④]。丁凡琳等在新经济地理学框架下分析环境问题，将自然科学体系中的数学思路和方法引入经济地理学研究中，使用OECD（Organization for Economic Co-operation and Development，经济合作与发展组织）提出的PSR（Pressure-State-Response，压力-状态-响应）模型为产业经济的空间结构与环境问题建立研究框架，从而分析环境在不同阶段演化下的状态下，经济主体与区域产业空间结构之间的关系及环境问题[⑤]。孙博文试图采用演化制度主义理论与"绿色技术－经济范式"，将环境因素融入新经济地理，关注经济空间结构的环境问题给经济空间结构带来的影响，期望实现经济区域之间联系的绿色、健康、可持续发展[⑥]。

---

① 李星. 城市群创新能力的空间差异研究[J]. 经济体制改革，2020，38（1）：66-72.
② 朱少非，杨靖三，谢铖. 长江经济带战略背景下产业集聚的空间格局研究[J]. 经济问题探索，2020（12）：162-170.
③ 袁鹏，唐欣，彭文武，等. 潜在创新要素协同的空间关联以及与长三角高新技术产业升级关系研究[J/OL]. 经济地理，2020：1-14[2023-05-10]. http://kns.cnki.net/kcms/detail/43.1126.K.20200616.1623.002.html.
④ 徐丹，于渤. 长三角城市群高技术产业集聚空间溢出效应研究[J]. 科技进步与对策，2021，38（6）：29-37.
⑤ 丁凡琳，陆军，赵文杰. 新经济地理学框架下环境问题研究综述[J]. 干旱区资源与环境，2019，33（6）：23-32.
⑥ 孙博文. 环境经济地理学研究进展[J]. 经济学动态，2020（3）：131-146.

2.2.2 产业空间结构的布局模式

产业空间结构的布局模式主要是指一个国家或地区产业部门在地域上的动态组合分布。我国主要的产业空间结构的布局模式分别是："双核型"空间结构模式、"点-轴"模式、区域共振轴结构模式。

我国学者陆玉麒提出了"双核型"空间结构模式，他通过对沿江、靠海岸线城市进行分析发现，一些省会城市既是政治、经济、文化三位一体的区域中心城市，又是重要的港口城市，具备区域中心城市的门户港城功能[①]。对此，他将"双核型"空间结构模式定义为：在某一区域中，由区域中心城市和港口城市及其连线所组成的一种空间结构现象[②]。"点-轴"模式是最早注意社会经济客体的空间结构，该模式探索空间（区域）的组织模式。对于"点-轴"模式的理解，陆大道认为，通过聚集经济发展的客体形成的"点"和由"线"状的基础设施连接在一起而形成的"轴"构建一个空间结构，区域经济的扩散和移动都是通过"点-轴"模式进行的，其在一定程度上实现了点与面的结合，使得区域展现出立体、网络的发展态势，"点-轴"模式可以使一个国家或区域达到最佳发展，并在之后的很长一段的社会发展中，其发展模式都在此基础上进行变革与创新。他认为我国目前的发展是不平衡的，而"点-轴"模式是该阶段最有效的产业空间结构的组织形式[③]。在之后的研究中，高斌和丁四保在已有的发展理论上继续探讨"点-轴"模式的几个问题，指出交通流-人流-物流之间的关系，以及运输成本对于其模式扩散的影响[④]，并进一步肯定了"点-轴"模式是区域经济发展最好的模式，但是在其发展的过程中需要根据现实状况进行取舍，根据不同的区域进行不同的调整。

近几十年来，"点-轴"理论已在中国国土开发和生产力布局（陆大道；樊杰

---

① 陆玉麒. 双核型空间结构模式的探讨[J]. 地域研究与开发, 1998, 17 (4): 44-48.
② 陆玉麒. 区域双核结构模式的形成机理[J]. 地理学报, 2002, 57 (1): 85-95.
③ 陆大道. 论区域的最佳结构与最佳发展——提出"点-轴系统"和"T"型结构以来的回顾与再分析[J]. 地理学报, 2001 (2): 127-135.
④ 高斌, 丁四保. 点轴开发模式在理论上有待进一步探讨的几个问题[J]. 科学管理研究, 2009, 27 (4): 64-67.

等)①②、区域发展规划(陆玉麒和董平)③、城市空间关系(章慧明和翟伶俐;秦志琴等)④⑤、交通设施建设(韩增林等;梁留科和牛智慧)⑥⑦、旅游开发与旅游空间结构(张莉和陆玉麒;高楠等)⑧⑨等研究中得到广泛应用并产生了深远的影响。"点-轴"理论在科学研究中的应用,进一步揭示该理论对于地理学学科发展的价值与贡献,帮助相关领域学者更加清晰地了解"点-轴"系统理论的研究态势,并更好地推动地理学与其他交叉学科的相互借鉴和健康发展。严鑫翔等在已有的"双核型"空间结构模式和"点-轴"模式之上进行延伸和发展,提出区域共振轴结构模式,通过历史过程的长时段分析,有助于找出空间结构当中的薄弱环节,对区域空间结构现状进行判断,以及对未来发展优化提出建设性的意见⑩。这三种布局模式相互之间不断优化,并且存在着千丝万缕的联系,其最终的目的因区制宜,实现区域发展的最优化。

2.2.3 产业空间结构对经济的影响

为什么产业空间结构能够对经济产生影响?产生这样影响的原因是什么?产

---

① 陆大道. 建设经济带是经济发展布局的最佳选择——长江经济带经济发展的巨大潜力[J]. 地理科学, 2014, 34(7): 769-772.
② 樊杰, 蒋子龙, 陈东. 空间布局协同规划的科学基础与实践策略[J]. 城市规划, 2014, 38(1): 16-25, 40.
③ 陆玉麒, 董平. 中国主要产业轴线的空间定位与发展态势——兼论点-轴系统理论与双核结构模式的空间耦合[J]. 地理研究, 2004, 23(4): 521-529.
④ 章慧明, 翟伶俐. 城市空间拓展的点轴模式研究[J]. 山西建筑, 2010, 36(13): 33-34, 71.
⑤ 秦志琴, 张平宇, 王国霞. 辽宁沿海城市带空间结构演变及优化[J]. 经济地理, 2012, 32(10): 36-41.
⑥ 韩增林, 刘伟, 王利. "点-轴系统"理论在中小尺度区域交通经济带规划中的应用——以大连旅顺北路产业规划为例[J]. 经济地理, 2005, 25(5): 662-666, 676.
⑦ 梁留科, 牛智慧. 中原城市群公路网络建设与城市化水平相关性研究[J]. 地域研究与开发, 2007, 26(2): 48-51, 96.
⑧ 张莉, 陆玉麒. "点-轴系统"的空间分析方法研究——以长江三角洲为例[J]. 地理学报, 2010, 65(12): 1534-1547.
⑨ 高楠, 马耀峰, 李天顺, 等. 基于"点-轴"理论的陕西旅游空间结构研究[J]. 干旱区资源与环境, 2012, 26(3): 177-182.
⑩ 严鑫翔, 马晓冬, 徐广军. 结节区视角下江苏省区域空间结构演化研究——对区域共振轴结构模式的探讨[J]. 地理科学进展, 2013, 32(2): 203-213.

业空间结构对经济的影响主要集中在两个方面：一是产业结构对经济增长的影响，二是空间结构对经济增长的影响。但是，产业空间结构不单单是产业结构与空间结构的简单结合，而是一个有机的整体。埃德加·胡佛（Edgar Hoover）在研究聚集体（即多区位单位和多公司的聚集体）时注意到在一定区域内产业和区位将形成集聚[1]，但胡佛的聚集体经济是厂商在大城市聚集的结果，或者说是在区域空间中"点"的发展，这种"点"上的产业聚集的研究，对于在省级区域范围内研究产业—空间结构提供了借鉴。赵改栋和赵花兰认为产业空间结构是指区域内各种生产投入要素所形成的生产组合、在农业及空间形态上形成的综合物质实体[2]。在一定的区域范围内，区域的产业结构与空间结构相互联系、相互作用，形成一个中观层次的结构，它不是产业结构与空间结构的简单相加，而是区域的产业结构与空间结构相互作用的有机整体，共同作用于区域的经济增长及区域内的微观经济组织。

关于产业结构对经济增长的影响，近年来我国学者进行了不同层面的研究。因为研究经济问题的最终目的之一是如何促进增长，所以在产业结构问题的研究中，经济增长同产业结构变动的关系也就成了经济学家最感兴趣的论题之一。胡振华和周永文采用产出增长型生产函数进行测算，还有更多的学者在这一方面进行了研究，测算了产业结构变动对经济增长影响作用的贡献值，阐释了产业结构变动影响经济增长的原因及途径[3]。钟学义和王丽从产业关联的角度研究产业结构变动与经济增长的关系，他们使用投入产出法进行研究，认为收入的增长会引起需求结构、消费结构、投资结构的变化[4]。姚愉芳和袁嘉新研究中国产业结构与经济增长，认为产业结构对经济增长的影响是通过空间结构效应实现的，结构效应指由经济结构的变化所带来的经济效果，经济效果的提高可以在不增加投入的情况下实现经济内生增长[5]。

---

[1] 胡佛. 区域经济学导论[M]. 王翼龙，译. 北京，商务印书馆，1990：93.
[2] 赵改栋，赵花兰. 产业—空间结构：区域经济增长的结构因素[J]. 财经科学，2002，4（2）：112-115.
[3] 胡振华，周永文. 产业结构变动对经济增长的影响及其测算[J]. 数量经济技术经济研究，1997（4）：18-20.
[4] 钟学义，王丽. 产业结构变动同经济增长的数量关系探讨[J]. 数量经济技术经济研究，1997（5）：22，29.
[5] 姚愉芳，袁嘉新. 资源、人口、经济、环境协调发展——可持续发展是未来经济、社会发展的唯一选择[J]. 数量经济技术经济研究，1996（5）：9-13.

空间结构是区域经济发展的一个重要方面，20世纪90年代以后，对于空间结构的研究主要是在区域发展状态是否健康、东中西部之间的关系及均衡与非均衡发展同经济发展水平的关系三个方面展开。陆大道和薛凤旋通过对中国三大地带形成的历史原因深入分析发现，三大地带在城市化水平、人均收入水平、消费水平等经济发展水平方面产生了明显的差距，并且这种差距将在相当长的一段时期内存在，短期内缩小这种差距是不现实的[①]。樊杰等从我国产业空间分异过程及西部产业空间结构内部差异性等方面，对西部地区的产业空间结构进行研究，分析西部产业空间结构的基本特征，探讨了西部产业空间结构的成因机制与区域经济增长效果，初步确定了在西部大开发中调整我国西部地区产业空间结构的基点[②]。关于均衡与非均衡发展同经济发展水平的关系，我国在改革开放前，实施的是均衡发展战略，对于"积贫积弱"地区采取援助政策。但是在改革开放后，国家把经济建设的重点放在沿海城市及交通枢纽中心，并鼓励发展较好的地方优先发展，设立经济特区、直辖市、特别行政区，实施非均衡发展战略，使得这些区域率先实现经济的大发展，随后国家实行"西部大开发"战略，以东促西，缩小东西部之间的差距，促进区域的非均衡协调发展。

2.2.4 体育产业空间结构相关研究

体育产业作为新时代的朝阳产业，是未来经济高质量发展的重要组成部分，其产业空间结构的布局和调整对区域经济的发展具有重要影响。在研究体育产业空间结构的过程中，我国学者从整体到局部、从宏观到微观、从全体到部分，进行了深入的研究分析。

在体育产业空间结构方面，我国学者的研究范围主要集中于城市公共体育、体育场馆的空间布局、城市体育旅游空间结构。随着生活水平的不断提升，人民日益增长的美好生活的需要和不平衡、不充分的发展之间的矛盾越来越突出，经

---

① 陆大道，薛凤旋. 1997中国区域发展报告[M]. 北京：商务印书馆，1997：29，66，109.
② 樊杰，曹忠祥，吕昕. 我国西部地区产业空间结构解析[J]. 地理科学进展，2002，21（4）：289-301.

济水平不断上升，人民不再简单追求物质条件上的满足，体育无疑成为新时代人们高质量生活的新方向。因此，如何配置合理的体育空间资源，满足居民的体育需求，已成为城市发展、体育空间研究的重中之重。城市体育空间的合理布局既要考虑功能上的混合使用，综合考虑城市居民的多样性需求，提高城市体育实施的利用率；又要考虑城市体育空间与其他开放空间的关联、互动，如结合地铁、公交及其他设施进行综合考量，实现体育空间与城市开放空间结合的多元化[①]。城市公共体育是广大人民群众活动的主要载体和物质基础，在全民健身活动的开展下，城市公共体育空间成为首先需要解决的问题。蔡玉军等探讨了城市公共体育的空间体系、服务半径、选址布局、数量规模，解决了城市公共体育"应该怎么样"的问题，为建设城市公共体育理想发展提出可行性建议[②③]。梁勤超等认为，"社区"是今天中国社会的基本单元，体育只有扎根于社区，才能服务社会、融入社会[④]。高晓波等从政府对于大型体育场馆选址布局如何进行决策出发，综合考虑前期体育场馆举办赛事的能力、对于城市资源要素的配置和优化、后期体育场馆赛后公益性和经济性的利用、人民群众的多样化体育需求[⑤]。陈霞明和许月云从自然地理环境、经济发展水平、土地因素、体育人文等方面对体育场地空间布局进行研究，认为区域体育场地空间布局合理化和高度化共同构成区域体育场地空间布局优化的两大内涵[⑥]。可以看到，随着社会经济的发展，各学者对于体育场馆场地空间布局考虑的因素越来越细致化，更加符合新时代社会的发展要求及经济建设要求。

---

① 李飞. 对《城市居住区规划设计规范》（2002）中居住小区理论概念的再审视与调整[J]. 城市规划学刊，2011（3）：96-102.
② 蔡玉军，邵斌，魏磊，等. 城市公共体育空间结构现状模式研究——以上海市中心城区为例[J]. 体育科学，2012，32（7）：9-17.
③ 蔡玉军，邵斌. 城市公共体育空间选址与布局影响因素及优化原则——以上海市杨浦区为例[J]. 体育科研，2015，36（6）：31-35.
④ 梁勤超，石振国，李源. 我国城市社区体育公共空间供给侧结构性改革研究[J]. 西安体育学院学报，2020，37（2）：190-195.
⑤ 高晓波，陈淑莲，乔玉，等. 大型体育场馆的空间布局和功能定位及政府决策[J]. 体育学刊，2014（2）：40-46.
⑥ 陈霞明，许月云. 区域体育场地空间布局优化影响因素及机制研究[J]. 山东体育科技，2014，36（5）：115-118.

崔瑞华认为我国体育产业空间结构发展是地理上的延伸和变化，一是国外资本的大量注入加速推进我国体育产业链的完善，二是相关的外部政策和国内产业政策的有效融合促进我国体育产业的平稳发展[1]。对于不同的地区、不同的地理条件、不同的经济发展水平，需要具体问题具体分析。体育旅游空间结构是区域体育产业发展投射及其表现形式。黄玲、姜付高、王铁、曹莉根据研究区域的发展现状、空间节点、基础设施、资源基础等条件分析体育旅游空间结构形成的原因，发现区域格局发展不平衡、区域之间联动存在极大的限制，根据现状进行调整，破除区域体育旅游空间结构格局的不平衡，优化区域内空间结构、区域与区域之间的空间结构，实现更好的区域发展联动效应，更好地推进区域之间的协调、均衡发展[2][3][4]。随着社会经济水平的不断提升，社会上逐步形成一种新的旅游发展模式：全域体育旅游。作为旅游发展的新理念、新模式，全域体育旅游打破了区域旅游间的自由发展，跳出传统旅游的局限，对一个区域整体进行规划发展，以及更加强调对于旅游产业和整个社会经济全方面的把控，是空间经济结构的"点-轴-域面"不断演化的结果[5]。兰顺领、李艳荣、姜付高、曹莉对全域体育旅游进行了深入研究，探讨了其结合体育而形成的内涵特征、空间结构、发展模式，以及实践运行中的发展现状、实际问题和路径优化[6][7]。全域体育旅游的提出不仅可以加速体育与旅游之间的深度联合，还可以优化我国国民经济的健康发展，实现区域之间的动态平衡发展，推动经济的可持续发展。

---

[1] 崔瑞华. 浅谈我国体育产业发展的时间与空间结构[J]. 体育文化导刊, 2006 (10): 53-54.
[2] 黄玲. 海洋体育旅游地旅游空间结构的分析及其优化研究——以浙江舟山群岛为例[J]. 广州体育学院学报, 2010, 30 (3): 58-62.
[3] 姜付高, 王铁. 山东半岛城市体育旅游带空间结构优化与可持续发展研究[J]. 西安体育学院学报, 2015, 32 (1): 51-59.
[4] 姜付高, 曹莉. 大型体育赛事对城市旅游空间结构影响及其优化研究——以日照打造"水上运动之都"为例[J]. 北京体育大学学报, 2016, 39 (11): 38-44, 111.
[5] 杨振之. 全域旅游的内涵及其发展阶段[J]. 旅游学刊, 2016, 31 (12): 1-3.
[6] 兰顺领, 李艳荣. 全域旅游视角下体育旅游空间结构优化及路径选择——以安徽省为例[J]. 吉林体育学院学报, 2019, 35 (4): 26-33.
[7] 姜付高, 曹莉. 全域体育旅游：内涵特征、空间结构与发展模式[J]. 上海体育学院学报, 2020, 44 (9): 12-23, 33.

2.3 区域产业一体化研究

区域产业一体化是区域经济高质量发展的要求,将对区域内外产生深远的影响,因此区域产业一体化研究一直是国内外学者研究关注的热点,研究成果也较为丰富。国外学者对区域产业一体化的研究主要涉及欧盟、南亚、北美自由贸易区等。Blomstrom 等、Whalley、Chase 着重研究区域经济一体化进程对国民经济和金融业的影响[1][2][3]。McKeen-Edwards 等、Maclaren、Ayres 和 Macdonald 分析了相关国家在区域一体化发展过程中政治和经济之间的关系[4][5][6]。Turnock 通过论证得出在转型时期,区域间一体化发展能有效地促进东欧地区的经济发展[7]。Martin 和 Ottaviano 将新经济地理学模型与内生增长模型融合,建立自我强化模型,证明了经济活动的地域分布对经济增长起着决定性的作用:集聚不但造成了各区域收入水平的差异,而且加速了整个区域经济的增长[8]。Mehta 和 Kumar 认为南亚国家之间的区域经济合作将有助于减少这些国家未来对发达国家的经济依赖,区域

---

[1] BLOMSTROM M, KOKKO A, GLOBERMAN S. Regional economic integration and foreign direct investment: the North American experience[DB/OL]. (1998-10-23)[2022-04-21]. https://econpapers.repec.org/paper/hhshastef/0269.htm.

[2] WHALLEY J. Why do countries seek regional trade agreements? economy[M]//FRANKEL J A. The regionalization of the world economy. Chicago: University of Chicago Press, 1998: 63-90.

[3] CHASE K A. Economic interests and regional trading arrangements: the case of NAFTA[J]. International organization, 2003, 57(1): 137-174.

[4] MCKEEN-EDWARDS H, PORTER T, ROBERGE I. Politics or markets? the determinants of cross-border financial integration in the NAFTA and the EU[J]. New political economy, 2004, 9(3): 325-340.

[5] MACLAREN R. Does North America exist? governing the continent after NAFTA and 9/11[M]. Toronto: University of Toronto Press, 2008: 16-19.

[6] AYRES J, MACDONALD L. North America in question:regional integration in an era of economic turbulence[M]. Toronto: University of Toronto Press, 2012: 408.

[7] TURNOCK D. Local and regional development during the 1990s transition in Eastern Europe[J]. Political geography, 1997, 16(1): 225-278.

[8] MARTIN P, OTTAVIANO G. Growth and agglomeration[J]. International economic review, 2001, 42(4): 947-969.

内贸易可以在区域自力更生的基础上促进南亚国家经济的增长和发展[1]。国内学者对区域产业一体化的研究主要集中在区域产业一体化的经济效应、影响因素、测度研究、发展模式，以及区域体育产业一体化等方面。

2.3.1 区域产业一体化的经济效应

2018年，中共中央、国务院印发的《中共中央 国务院关于建立更加有效的区域协调发展新机制的意见》进一步明确了区域经济发展目标，提出区域市场体系要求，即统一、开放、有序、竞争，区域市场一体化是我国经济高质量发展的内在要求。

孙博文和雷明认为在市场一体化过程中，空间、制度分割的消失在短期内虽然会导致区域经济的非对称增长、收入差距扩大，但它是区域经济长期高质量发展的保障[2]；孙博文和孙久文均认为区域市场一体化发展所产生的经济溢出效应呈非对称性，并将这种溢出效应区分为垂直溢出效应和水平溢出效应[3]。刘瑞翔指出区域经济一体化能够从总体上有效改善区域内部的资源配置实况，但对于具体资源的影响存在差异，其中劳动力呈下降趋势，资本呈先上升后下降趋势[4]；袁茜等运用 DID 法（Differences in Differences，双重差分法）将长三角区域经济一体化战略与高新技术创新研发产业结合进行分析，认为区域经济一体化能提升长三角区域高科技产业活力，长江中下游高科技产业受区域一体化效应影响最大[5]；金凤君等指出区域内增长中心的极化与扩散效应使得不同区域之间的优势产业和出口商品类型呈现相似性和互补性[6]。

---

[1] MEHTA P S, KUMAR P. RTAs and South Asia: options in the wake of Cancun fiasco[M]//JHA R. Economic growth, economic performance and welfare in South Asia. London: Palgrave Macmillan, 2005: 270-284.
[2] 孙博文,雷明. 市场分割、降成本与高质量发展：一个拓展新经济地理模型分析[J]. 改革, 2018（7）: 53-63.
[3] 孙博文,孙久文. 长江经济带市场一体化的空间经济增长与非对称溢出效应[J]. 改革, 2019（3）: 72-86.
[4] 刘瑞翔. 区域经济一体化对资源配置效率的影响研究——来自长三角26个城市的证据[J]. 南京社会科学, 2019（10）: 27-34.
[5] 袁茜,吴利华,张平. 国家三大区域发展战略对城市经济绿色增长的影响评估[J]. 华东经济管理, 2019, 33（11）: 5-14.
[6] 金凤君,姚作林,陈卓. 环南海区域发展特征与一体化经济区建设前景[J]. 地理学报, 2021, 72（2）: 428-443.

2.3.2 区域产业一体化的影响因素

冯帆和杨忠、刘耀彬等指出外商投资在一定程度上会推进区域市场一体化[1][2]。马仁锋分析2003—2018年的政府政策，发现政策推动区域协作合作发展的同时，企业项目落地成为长三角区域产业一体化发展的特色，市场导向下的企业逐步成为推动长三角区域产业一体化的内生动力[3]。曹吉云和佟家栋研究了影响区域经济一体化的经济地理与社会政治因素，并表明社会政治因素对区域经济一体化的影响不容忽视[4]。陈甫军和丛子薇研究发现政府公共支出对区域经济一体化呈"倒U"型影响，但是当前大部分区域经济处于其拐点位置，政府应根据不同区域经济的特征强化其干预行为[5]。刘生龙和胡鞍钢基于边界效应模型和引力模型就交通设施对于区域贸易的影响进行验证，得出交通基础设施是区域经济一体化发展的物质基础，是推进区域经济一体化进程的有效路径的结论[6]。梁琦等依据空间经济学理论研究发现，区域协调发展政策能够使异质性企业重新做出定位选择，成本较低企业会因贸易成本减少而趋向定位于经济发达地区，高成本企业会因避免竞争而选择中西部等经济落后地区，随着经济一体化进程的加快，这种定位选择的差异会导致地区间的经济总量差距扩大，效率差异缩小[7]。谢卓廷和王自力通过理论与实证相结合的研究发现，由于城市群基础设施、产业结构的互异导致政府主导下的区域产业一体化对周边城市群的经济作用存在明显差距[8]。

---

[1] 冯帆，杨忠. FDI空间扩散、区域一体化与城市发展定位[J]. 南京社会科学，2008（7）：24-29.
[2] 刘耀彬，周彭伈，土希祖，等. 市场一体化视角下FDI对经济发展影响的门槛效应研究——以长江经济带为例[J]. 经济问题探索，2015（6）：118-125.
[3] 马仁锋. 长江三角洲区域一体化政策供给及反思[J]. 学术论坛，2019，42（5）：114-123.
[4] 曹吉云，佟家栋. 影响区域经济一体化的经济地理与社会政治因素[J]. 南开经济研究，2017（6）：20-39.
[5] 陈甫军，丛子薇. 更好发挥政府在区域市场一体化中的作用[J]. 财贸经济，2017，38（2）：5-19.
[6] 刘生龙，胡鞍钢. 交通基础设施与中国区域经济一体化[J]. 经济研究，2011（3）：72-82.
[7] 梁琦，李晓萍，吕大国. 市场一体化、企业异质性与地区补贴——一个解释中国地区差距的新视角[J]. 中国工业经济，2012（2）：16-25.
[8] 谢卓廷，王自力. 政府主导区域一体化的经济增长差异分析——基于工业水平视角的PSM-DID实证研究[J]. 经济问题探索，2020（11）：132-143.

2.3.3 区域产业一体化的测度研究

当前区域产业一体化的研究已不再止步于定性分析，对区域产业一体化进程及发展程度进行测算已成为广大学者热衷的区域经济研究方法。定量方法包括贸易法、价格法（桂琦寒等、陈红霞和李国平、李雪松和孙博文）[1][2][3]、专业指标法（白重恩等）[4]。价格法的理论基础是冰山成本理论，利用所收集的不同地区价格信息对区域商品一体化程度进行测算，利用相对价格法来构造市场分割指数，进而对市场一体化的程度进行刻画[5]。赵三武和钱雪亚通过测算区域劳动力市场的一体化程度得出区域一体化使劳动力市场活力得到释放，是劳动力市场一体化的前提[6]。卜茂亮和高彦彦运用计量分析方法得出外商投资会加深长三角区域市场一体化发展程度[7]。

2.3.4 区域产业一体化的发展模式

政府职能一体化是区域经济一体化的组成部分，更是实现区域产业一体化的重要途径。李金龙和王宝元认为政府管理体制与区域产业一体化实际进程不符所导致的制度瓶颈是制约区域产业一体化发展的重要影响因素[8]。陈甬军和丛子微以政府的公共支出作为研究视角，基于长三角、珠三角、京津冀三个区域38个城市

---

[1] 桂琦寒，陈敏，陆铭，等. 中国国内商品市场趋于分割还是整合：基于相对价格法的分析[J]. 世界经济，2006, 29（2）：20-30.

[2] 陈红霞，李国平. 1985～2007年京津冀区域市场一体化水平测度与过程分析[J]. 地理研究，2009, 28（6）：1476-1483.

[3] 李雪松，孙博文. 区域经济一体化视角下的长江中游地区市场整合测度——基于湘鄂赣皖四省面板数据的分析[J]. 江西社会科学，2014, 34（3）：34-40.

[4] 白重恩，杜颖娟，陶志刚，等. 地方保护主义及产业地区集中度的决定因素和变动趋势[J]. 经济研究，2004, 39（4）：29-40.

[5] 杨凤华，王国华. 长江三角洲区域市场一体化水平测度与进程分析[J]. 管理评论，2012, 24（1）：32-38.

[6] 赵三武，钱雪亚. 基于价格指数法的我国劳动力市场区域一体化研究[J]. 统计与决策，2014（21）：99-101.

[7] 卜茂亮，高彦彦. 外商直接投资与区域市场一体化——基于长三角的经验研究[J]. 华东经济管理，2010, 24（2）：46-49.

[8] 李金龙，王宝元. 地方政府管理体制：区域经济一体化发展的重要制度瓶颈[J]. 财经理论与实践，2007, 28（1）：120-123.

的面板数据，验证政府在区域市场一体化进程中发挥的作用[1]。谢卓廷和王自力通过PSM（Propensity Score Matching，倾向得分匹配模型）-DID的实证检验指出在区域产业一体化进程中政府的有力调控对于中等经济发展水平城市群效果最为显著，政府对于区域经济发展的直接干预效果最佳[2]。朱兰等依据新经济地理学理论，提出了政府推动区域产业一体化的逻辑框架"六步法"（分析结构—选择城市—明确优势—确定路径—识别瓶颈—政府作为）和"多对一""一对多"区域产业一体化路径[3]。廖利兵和李皓通过模型应用分析认为，区域外部的企业在向区域一体化市场扩进时主要受到企业自身规模、贸易成本、区域产业规模等因素的影响[4]。

2.3.5 区域体育产业一体化

当前针对区域体育产业一体化的研究已经取得较为丰富的成果。周清明和周咏松将区域体育产业一体化界定为地理位置临近的两个或两个以上的地区，以获取区域体育产业聚集效应和互补效应为宗旨，为促进体育产业产品和生产要素在一定区域内的自由流动和有效配置而建立的区域性体育产业发展方式[5]。孙立海等强调在一体化发展的形成和初始阶段，政府部门的倡导和推动作用尤其重要，认为市场自身力量不足以突破行政边界，政府部门的制度创新是突破行政规划的关键[6]。廉涛和黄海燕认为区域体育产业一体化实际上就是通过政府采用强制性的措施进行制度上的创新从而有效改变体育市场的混乱，并将长三角体育产业一体化的内涵概括为各地相关政府部门为了促进体育生产要素在区域内的顺畅流动而消

---

[1] 陈甫军，丛子薇. 更好发挥政府在区域市场一体化中的作用[J]. 财贸经济，2017，38（2）：5-19.
[2] 谢卓廷，王自力. 政府主导区域一体化的经济增长差异分析——基于工业水平视角的PSM-DID实证研究[J]. 经济问题探索，2020（11）：132-143.
[3] 朱兰，王勇，李枭剑. 新结构经济学视角下的区域经济一体化研究——以宁波如何融入长三角一体化为例[J]. 经济科学，2020（5）：5-18.
[4] 廖利兵，李皓. 区域一体化市场进入方式与企业异质性[J]. 世界经济研究，2015（3）：72-81，128.
[5] 周清明，周咏松. 成渝地区体育产业一体化开发的政府合作机制研究[J]. 成都体育学院学报，2008，34（11）：25-28.
[6] 孙立海，赵道静，刘金波. 武汉城市圈体育产业一体化发展研究[J]. 武汉体育学院学报，2011，45（12）：60-63.

除行政障碍，达成共识，共同成立有效力的体育产业相关组织来负责区域体育产业的管理[①]。

丛湖平和唐小波认为长三角地区体育产业在一体化的过程中存在两个方面的障碍，一方面是在长期的发展中不同的发展路径、方式形成了各自固有的发展理念，上海更倾向于政府主导的发展模式，而江浙地区的城市则以体育市场的竞争机制来实现体育产业的一体化，最终形成了双方观念的分野区；另一方面是政府和企业之间模糊的产权关系，政府作为不拥有任何有形、无形资产的分配者，如果在执行的过程中不能认清自己在此过程中的角色，就会导致在体育资源再分配的过程由于对自身利益的过度追求出现天平的倾斜，形成相互博弈的局面[②]。曹可强在分析长三角区域体育产业的一体化发展时指出长三角区域在历史上的重复建设导致较多低质产业的遗留，区域内大多数地区的资源禀赋有一定的相似性，因此体育产业在结构上出现了趋同的现象，加之行政边界导致体育市场长期割裂，体育资源的流动和体育项目的合作受到了极大的限制，体育市场恶性竞争的行为频现，严重制约了体育产业的一体化[③]。孙雷鸣在地区制度和政府自利的基础上提出体育产业结构不合理是制约体育产业一体化的重要因素，体育相关产业的主体地位得不到肯定，很多体育产业不能够清晰定位，甚至许多新兴体育产业得不到有效的监管、市场秩序混乱，严重影响区域体育产业一体化过程中的结构优化及体育产业竞争力[④]。

综上，通过对区域体育产业一体化和产业空间结构的相关文献回顾分析可知，在我国社会发展的历史长河中，区域体育产业一体化的发展起步相对落后于国外发达地区。但是在改革开放四十多年来，我们积极借鉴学习国外先进经验，不断结合自身的实际情况，寻找符合本国国情的区域一体化的发展道路，先后建立了

---

① 廉涛，黄海燕. 长三角体育产业一体化发展的空间结构研究[J]. 体育科学，2020，40（10）：21-30.
② 丛湖平，唐小波. "长三角"地区体育产业一体化发展研究[J]. 中国体育科技，2004，40（3）：1-3.
③ 曹可强. 论长江三角洲地区体育产业的一体化发展[J]. 上海体育学院学报，2006，30（1）：24-26.
④ 孙雷鸣. 长三角大都市圈背景下体育一体化发展的研究[J]. 武汉体育学院学报，2011，45（11）：26-31.

长三角、京津冀、粤港澳大湾区及成渝地区双城经济圈等具有中国特色的区域一体化的发展格局。然而前三个区域主要分布在我国东部沿海地区,地理条件优越且发展水平都相对较高,成渝两地从此肩负起中国"第四级"的发展使命。

但是在目前区域体育产业一体化的研究中,研究的领域主要是概念、内涵、发展困境及路径探索等。对于区域内部各城市之间、各地理单元内部体育产业的空间关系、联系水平、结构特征等研究较少,然而在今天社会发展的趋势下,获取区域之间联系的方法不再是简单的现状分析,而是需要多方面、全覆盖、多视角地进行分析,区域体育产业一体化的空间结构,不仅包括区域内部之间的联系,还包括区域外部之间的联系及在其中扮演的角色。因此,本书的研究将有助于区域体育产业一体化的顶层设计,对实现更进一步的体育产业空间结构联系,促进区域体育产业之间协调、高效、联动、可持续发展具有重要意义。

2.4 成渝地区双城经济圈体育产业协同发展研究

关于成渝地区双城经济圈体育产业协同发展研究,截至2021年12月,笔者以"成渝地区双城经济圈体育产业""川渝体育产业"为主题在成都体育学院数据库CNKI中进行精确检索,结果为2篇,以"成渝地区双城经济圈体育协同发展"为主题进行模糊检索,结果为1篇,又以"成渝地区双城经济圈体育""成渝地区双城经济圈体育产业""川渝体育产业"为主题进行模糊检索,得到文章寥寥可数。这从侧面说明了关于成渝地区双城经济圈体育产业的研究还处于初期阶段。

周清明和周咏松提出了现阶段成渝地区双城经济圈体育产业一体化的路径之一——构建区域政府合作机制。构建这一机制需要转变政府职能,重建成渝地区双城经济圈地方政府竞争秩序;需要创立制度化的跨地区的多层组织机构;还需要完善区域体育产业合作规则[①]。宋天华提出了成渝地区双城经济圈体育旅游资源整合开发的对策：政府首先要转变自身职能，建立统一的市场竞争秩序，实现资源的有效配置，其次要重视和大力支持、鼓励社会资金的投入；规范体育旅游市场，加强体育与旅游两大产业的相互融合；构建合理的体育旅游产品体系，实施品牌战略；充分调动和发挥区域内院校对体育旅游专业人才的培养[②]。孙亮亮提出了构建成渝地区双城经济圈休闲体育公共服务体系的基本思路和须注意的要点。他认为构建成渝地区双城经济圈休闲体育公共服务体系须使成渝地区双城经济圈相关机构之间交流协调，须注意制定协调而有差别的政策措施；把握休闲体育公共资源的整合与协调，避免资源的平均和共有；协调发挥各级各类休闲体育公共服务组织功能；积极发挥经济圈中心城市的辐射与区域带动作用[③]。张爱钰和易黎提出了建设成渝两地都市体育圈的实施路径：成渝两地须自主设立跨行政区域的体育合作机构，以及建立两地都认同的协调合作管理机构；多组织开展成渝两地大众喜爱的体育活动，增强两地大众的联系与交流，增进其发展体育的意识；应使用多措并举的方式来发展成渝两地体育事业，发挥各自区域优势，合作发展[④]。

2.5　简要评述与展望

区域产业一体化是区域经济高质量发展的要求，深入研究区域产业一体化发展所产生的经济效益、影响因素是区域经济一体化战略实施的必备条件，对区域产业一体化水平的精准测算是对区域经济一体化进程中出现的问题进行有效调整

---

① 周清明，周咏松. 成渝地区体育产业一体化开发的政府合作机制研究[J]. 成都体育学院学报，2008，34（11）：25-28.
② 宋天华. 城乡统筹一体化视野下成渝体育旅游资源整合开发研究[J]. 特区经济，2011（3）：164-165.
③ 孙亮亮. 成渝城市经济圈休闲体育公共服务体系的构建[J]. 成都工业学院学报，2013，16（4）：92-94.
④ 张爱钰，易黎. 建设成渝两地都市体育圈与振兴西部体育研究[J]. 搏击（体育论坛），2014，6（5）：24-25，28.

的现实依据。政府的有力调控有利于打破区域经济一体化的制度瓶颈，实现突破式发展，而市场活力是区域经济一体化可持续发展的内在动力。区域经济一体化进程中重点融合的优势产业种类、扶持发展的朝阳产业等具体产业的一体化也应成为研究的方向。

综上所述，区域内的经济一体化现象是国内外学者的重点研究领域，关于我国区域体育产业一体化的研究可以追溯到21世纪初期，研究主要集中在长三角区域、京津冀区域、武汉城市圈、粤港澳大湾区等地区，其中长三角体育产业一体化研究较为深入。但从总体上来看，国内对于区域体育产业一体化的研究依然处于不断探索的阶段，研究内容主要集中在内涵界定、政府与市场作用、发展障碍及发展对策等方面，而针对成渝地区双城经济圈体育产业一体化的研究则较为匮乏。为此，本书将在以下三个方面做进一步的努力和完善：一是加强对成渝地区双城经济圈体育产业一体化发展的系统研究，明晰成渝地区双城经济圈体育产业发展现状、成渝地区双城经济圈体育产业一体化发展动力与效应；二是注重对国内其他区域体育产业一体化发展的实践分析；三是实证分析成渝地区双城经济圈体育产业一体发展的空间结构，探讨其发展的协同度并测算体育产业一体化水平。

2.6 本章小结

本章文献综述部分在对区域经济一体化、体育产业一体化等概念进行辨析和界定的基础上，回顾了与区域体育产业一体化相关的研究，为本书的研究提供理论和实证分析的基础，包括区域产业空间结构、区域产业一体化、区域体育产业协同发展三个方面的研究。

首先是对区域经济一体化、体育产业一体化等概念进行辨析和界定。在文献梳理的过程中发现，已有学者就区域体育产业一体化的概念问题进行了讨论，为了明晰研究对象，在理论上更好地把握对区域体育产业一体化内涵的认识，故对区域经济一体化等原始概念进行回顾，明确其共同点与区别，并在此基础上，对体育产业一体化的概念进行界定，为后续的研究奠定基础。

其次是区域产业空间结构的相关研究。经过文献搜集，主要从产业空间结构的演进、布局模式、对经济的影响等方面进行梳理。我国学者的研究侧重于城市公共体育、体育场馆的空间布局、城市体育旅游空间结构，对于区域内部各城市之间、各地理单元内部体育产业的空间关系、联系水平、结构特征等的研究较少，然而在今天社会发展的趋势下，区域之间的联系不再是简单的现状分析，而是需要多方面、全覆盖、多视角地进行分析。因此，区域体育产业一体化的空间结构，不仅指区域内部之间的联系，还指区域外部之间的联系及在其中扮演的角色，了解区域体育产业一体化的空间结构将有助于区域体育产业一体化的顶层设计，对经济一体化发展具有重要意义。

再次是区域产业一体化的相关研究。为了从整体上把握区域产业一体化研究发展的趋势和脉络，我们通过搜索主题和关键词的方式，对区域产业一体化研究的国内外文献进行分析。结果显示，区域产业一体化研究一直是国内外学者研究关注的热点，研究成果也较为丰富。国外学者对区域产业一体化的研究主要涉及欧盟、南亚、北美自由贸易区等，国内学者对区域产业一体化的研究主要集中在区域产业一体化的经济效应、影响因素、测度研究、发展模式，以及区域体育产业一体化等方面。

最后是成渝地区双城经济圈体育产业协同发展的相关研究。通过以"体育产业协同发展""体育产业一体化""区域体育产业"为关键词进行检索表明，当前针对区域体育产业协同发展的研究已经取得较为丰富的成果，研究对象主要是长三角区域、京津冀区域、武汉城市圈和粤港澳大湾区，研究的领域主要是概念、内涵、发展困境及路径探索等，但是关于成渝地区体育产业研究的文献数量偏少，这从侧面说明了关于成渝地区双城经济圈体育产业的研究还处于初期阶段。

区域体育产业一体化的理论基础 3

产业一体化是区域经济一体化的核心，区域经济一体化的实质与发展方向即实现产业的一体化。因此，体育产业一体化是基于区域一体化和区域经济一体化的迁移，即为促进体育产业资源的有效配置与生产要素的合理流动，通过消除地区间的行政壁垒，实现区域间体育产业的产业集聚与互补效应。作为区域经济发展过程中的独特产业一体化现象，体育产业一体化是成渝地区双城经济圈建设的重要内容和内在需求，为能够切实准确地认识和研究体育产业一体化发展现象，本章借鉴区域经济一体化的相关理论，将新经济地理学理论、增长极理论、产业梯度转移理论、产业集群理论作为研究成渝地区双城经济圈体育产业一体化发展的理论依据。

3.1 新经济地理学理论

新经济地理学理论是保罗·克鲁格曼（Paul Krugman）将经济、地理两大学科理论结合的结果，为区域合作提供了详尽的理论基础[1]。区域内的深入发展是诸多影响因素长期共同作用下的结果，若单纯从地理学的视角出发，由于运输成本的原因，则会很简单地得出两个地区的地理位置越相近，其交通越便利，地区之间各个方面的往来越频繁。新经济地理学又被称为空间经济学，认为经济的发达

---

[1] 张可云. 区域科学的兴衰、新经济地理学争论与区域经济学的未来方向[J]. 经济学动态，2013（3）：9-22.

程度会在很大程度上影响地区之间的贸易往来，地区的经济发达程度越高，能够相互联系的机会越多，各地区之间贸易频率则越高，在长期的发展中形成一定规模的概率越大。当经济规模化之后，会吸引更多的企业，交通问题也会迎刃而解。因此，地区之间地理上的临近并不绝对意味着它们之间的经济发达，但是地区之间发达的经济一定会促进地区之间的便利性，发展较为落后的地区更应该注重区域内的发展。

就区域经济一体化而言，新经济地理学理论的贡献主要在于对区域经济一体化进程中产业地理集中问题进行了更接近现实的解释，认为区域经济一体化并非会给所有国家和所有消费者带来好处，而是也会带来问题。具体而言，传统理论认为，区域经济一体化将会带来更大的市场空间以平衡一体化以前存在的产业专业化生产的规模经济与多样化消费之间的冲突，同时一体化的实现将会降低运输成本，从而推动产业从生产成本较高的核心地区向生产成本较低的边缘地区转移；但新经济地理学理论认为，集聚经济在循环累积因果效应下会形成自我强化机制，即核心-边缘结构一旦形成，将会造成强者愈强、弱者愈弱的"马太效应"，届时边缘地区在居民收入、产业份额、就业机会、成长机会等多方面将长期受损，不平衡发展将是区域经济发展的常态。

根据新经济地理学理论，在成渝地区双城经济圈范围内，与成渝双城在地理上临近的城市甚多，成都市与重庆市作为该区域内体育市场保有量最大的两座城市，尽管在地理上没有绝对的临近，但是这两座大型城市拥有绝对的中央政府层面的政策支持、经济基础与市场大环境，因此无论是在体育的行政部门合作方面还是在体育产业一体化发展等方面，其频率与规模无疑都是最大的，成渝体育市场的规模及发展在很大程度上影响着双城经济圈体育产业的发展。现阶段，随着成渝地区双城经济圈战略的持续性推进，成渝双城体育市场进一步快速发展，这将加速成渝地区双城经济圈内体育产业的合作。

3.2 增长极理论

增长极理论最先由法国著名经济学家弗朗索瓦·佩鲁（Francois Perroux）提出，之后经过长期的发展和丰富最终成为区域发展的重要理论基础[①]。佩鲁认为如果把整个区域看作一个庞大的力场，那么增长极是刺激力场快速发展的关键因素，增长极指的就是具有较高活力的主导产业，能够在区域内产生乘数效应带动其他部门的发展。增长极理论包括狭义的增长极和广义的增长极，狭义的增长极包括三类，分别是产业增长极、城市增长极和经济增长极，广义的增长极则涵盖了一切可以促进经济发展的积极因素及增长点。增长极的出现必须具备三个条件：具备创新能力的群体、规模经济、适宜的外部环境。增长极一方面对于产业的带动效果是极为显著的，另一方面对于政策的制定者而言是比较容易接受的，不但可以通过字面意思得到正确的解读，而且便于实际的操作；增长极理论的效应表现在四个方面，分别是乘数效应、支配效应、极化效应和扩散效应。乘数效应是指强化优势产业与其他产业的密切程度，增长极的强大力量能够刺激相关产业的发展，在就业人数、经济效益等多方面呈现出乘数效应。支配效应指增长极中的主导产业与影响产业之间的关系是不平衡的，分别处于支配与被支配的地位，助推产业会对相关产业产生明显的带动作用，起着决定性的作用。极化效应是在增长极刺激下产生的新兴产业和被带动的产业开始向增长极聚拢的过程，可能会导致出现各地区之间发展极为不平衡的现象，而扩散效应指增长极所产生的经济效应向周围扩散。极化效应和扩散效应实际上体现着增长极的两个发展阶段，在增长极的发展初期极化效应会强于扩散效应，会导致出现二元经济，发达的地区愈发达，落后的地区愈落后，经济差距进一步被拉大，增长极进一步发展之后扩散效

[①] 李仁贵. 西方区域发展理论的主要流派及其演进[J]. 经济评论，2005（6）：57-62.

应会逐步弱化极化效应所产生的经济差距。

依据增长极理论，现阶段成渝地区双城经济圈内体育产业无疑正处于增长极的第一个发展阶段，即极化效应。成渝地区双城经济圈战略的实施将进一步强化成渝双城的极化效应，大量新兴体育市场及相关市场向成渝双城聚拢，引起经济圈内体育市场的大面积塌陷，造成经济圈内体育产业发展的严重不平衡现象，成渝双城与经济圈内其他地区的体育产业发展差距进一步拉大。根据增长极理论，这种现状不会是一成不变的，下一个发展阶段便是扩散效应，当发展到增长极的中后期时，成渝双城体育产业发展便会产生扩散效应，带动周边地区体育产业的发展。

3.3　产业梯度转移理论

产业梯度转移理论源于认为任何产业的发展都会经过创新、发展、成熟、衰退的生命周期理论。产业梯度转移理论指出，区域内经济发展的程度最终取决于主导产业所处的发展阶段，应将创新活动视作判定区域经济梯度层次的关键因素，越是创新活动活跃的区域，产业的梯度则越高，如果该区域内的主导产业正处于生命周期的初期，则可以显示出该区域具备很大的发展潜力，这种创新式的生产活动会伴随着时间的推移从梯度较高的地区转移至梯度较低的地区，城市系统在此转移过程中扮演了重要的角色。产业梯度转移理论所主张的核心思想与增长极理论有很大的相似之处，在过程上二者都认为应先加快区域内发达地区的发展，再带动周围地区，在结果上二者都可能会造成区域内的两极分化，过度拉大区域内的之前已经存在的贫富差距。但是产业梯度转移理论对于区域发展战略有着重要的理论意义，主要体现在三个方面：一是产业梯度转移理论的应用时机一定刚好符合区域发展的需要，因此能够提高产业发展的速度和质量，此外它承认了不平衡的现实问题,并以要素、产业的低梯度转移来逐渐弱化差异;二是产业梯度转移理论适用性强,不以地区的经济发达程度为条件;三是产业梯度转移理论已经在国内其他地区的实践中取得成功。

区域产业转移的基本条件包括:区域内长期存在着产业之间的级差、产业发展所需生产要素的自由流动、不同地区的利益追求及各个产业之间的竞争。产业若要成功转移,则除了必须具备基本条件,还须有动力机制的催生,大致可以包含内部动力和外部动力两个方面。内部动力主要包括企业对利润的进一步追求,外部动力主要包括区域内经济结构、生产要素供给结构的阶段性变迁和来自政府有利政策的驱动。除此之外,区域内特有的文化渊源和人文环境是产业转移的催化剂。

成渝地区双城经济圈体育产业之间存在级差,同时,体育产业发展需要政府主导下的生产要素的自由流动及双城间的非同质化竞争,因此,成渝地区双城经济圈体育产业具备区域产业转移的基本条件。除此之外,成渝地区双城经济圈体育产业受体育产业战略导向、利润追求、经济环境、社会环境等动力机制的催生,成渝地区双城经济圈特有的文化渊源会成为体育产业实现转移的催化剂。依据产业梯度转移理论,成渝地区双城经济圈体育产业正处于创新与发展的阶段,体育产业的创新是影响梯度转移的重要因素。世界赛事名城建设、体育公园示范城市的打造等正衍生出一批新兴的体育市场,同时成渝地区双城经济圈体育产业呈现出了巨大的发展潜力,随着时间的推移,成渝双城体育产业的发展会转移到周围的二级城市群,带动中心城市周围地区的体育产业发展。

3.4 产业集群理论

亚当·斯密(Adam Smith)在《国富论》一书中首次提到集群这一词[1]。英

---

[1] 斯密. 国民财富的性质和原因的研究[M]. 郭大力,王亚南,译. 北京:商务印书馆,1974:88-95.

国著名的新古典经济学家阿尔弗雷德·马歇尔（Alfred Marshall）是研究产业集群的第一人，他在《经济学原理》中阐述了产业集聚的三大缘由：第一，可以切实有效地推动专业化投入及服务集中发展；第二，能够给予极具专业化技术手段的劳动者一个一同奋斗的市场；第三，能够让公司从技术、信息等的涌出中取得盈利[1]。作为工业区位理论的建立者阿尔弗雷德·韦伯（Alfred Weber）在著作《工业区位论》中写道，区域性因素将工业往固定区域引（如引向运输成本低和劳动成本小的区位）。"集聚"或"分散"因素将工业集聚或分散（如集聚本身因价格降低或地租上涨而让位）。韦伯认为产业集聚本身可获得利益，企业集聚于运输成本及劳动力成本最优势的点上[2]。埃德加·胡佛在产业集群理论的研究中添加了规模经济，还指出限定产业的规模是经济空间集聚经济的源头[3]。迈克尔·波特（Michael Porter）从竞争优势的角度进一步加深了对产业集群现象的研究，他认为集群不仅可以将交易成本大幅度降低、将生产效率进一步提升、把激励方式改善、衍生出信息等集体财富，还可以改进创新条件，他指出企业所处区域和产业集群是其竞争优势的出处[4]。

产业集群理论是区域产业一体化发展的核心理论，区域产业一体化的很多理论都与之密切相关，它指在限定的区域内积聚了一批相互关联的企业及专门的管理机构，并实行特定的制度，以此可以规范市场中的竞争行为，实现区域内资源共享，产生各种有利于产业发展的效应来提升区域的竞争力。过往的体育产业相关的研究对产业集群理论的应用较为广泛，研究对象主要为体育服务业、体育制造业、体育旅游业，研究方向以体育产业集群化发展的影响因素、体育产业集群化发展的对策为主。

成渝地区双城经济圈内各地根据自身特色，加快发展体育旅游、体育赛事、体育休闲、体育文化等新兴体育产业。成都市大力发展体育综合体，达州市积极

---

[1] 马歇尔. 经济学原理[M]. 朱志泰, 译. 北京：商务印书馆, 1964：1-47.
[2] 韦伯. 工业区位论[M]. 李钢剑, 陈吉人, 张英保, 译. 北京：商务印书馆, 1997：32-43.
[3] 胡佛. 区域经济学导论[M]. 王翼龙, 译. 北京：商务印书馆, 1990：8-65.
[4] 波特. 国家竞争优势[M]. 李明轩, 邱如美, 译. 北京：华夏出版社, 2002：41-76.

规划建设体育产业园区，乐山市精心打造峨眉武术体育产业基地，德阳市、广元市大力推进运动休闲特色小镇创建活动，其他市州的体育产业也各有千秋、发展迅猛。重庆市则借助其独特的自然资源禀赋优势，以打造全国户外运动首选目的地为主要发展方向，着力打造马拉松、自行车、铁人三项、攀岩、水上运动、定向、轮滑、极限运动、马术等系列赛事活动，形成"山地、水上、低空、冰雪"全领域，"春、夏、秋、冬"全季节的户外运动新格局。另外，以"体育+"和"+体育"的模式推动体育产业与文化、旅游、康养等领域的交融发展，开放开源，是推动成渝地区双城经济圈体育产业一体化发展的支撑力量之一。

3.5 本章小结

本章对成渝地区双城经济圈体育产业一体化的相关理论进行了辨析，厘清了体育产业一体化发展的理论脉络，结合新经济地理学理论、增长极理论、产业梯度转移理论、产业集群理论分析了成渝地区双城经济圈体育产业一体化在发展背景、发展阶段、作用效应及影响因素等方面的理论基础，明确了成渝地区双城经济圈体育产业一体化的必要性和可行性。

（1）从新经济地理学理论来看，成都市与重庆市作为成渝地区双城经济圈内体育产业发展最好的两座城市，尽管在地理上没有绝对的临近，但是这两座大型城市拥有绝对的中央政府层面的政策支持、经济基础与市场大环境，因此无论是在体育的行政部门合作方面还是在体育产业一体化发展等方面，其频率与规模无疑都是最大的。成渝体育市场进一步快速发展，将加速成渝地区双城经济圈内体育产业的合作与发展。

（2）从增长极理论来看，成渝地区双城经济圈战略的实施将进一步强化成渝双城的极化效应，大量新兴体育市场及相关市场向成渝双城聚拢，造成经济圈内体育产业发展的严重不平衡现象。但是这种状况不会是一成不变的，当发展到增长极的中后期时，成渝双城体育产业发展便会产生扩散效应，带动周边地区体育产业的发展。

（3）从产业梯度转移理论来看，成渝地区双城经济圈体育产业之间存在级差，同时，体育产业发展需要政府主导下的生产要素的自由流动及双城间的非同质化竞争，因此，成渝地区双城经济圈体育产业具备区域产业转移的基本条件。成渝地区双城经济圈特有的文化渊源会成为体育产业实现转移的催化剂。随着时间的推移，成渝双城体育产业的发展会转移到周围的二级城市群，带动中心城市周围地区的体育产业发展。

（4）从产业集群理论来看，产业集群理论是区域产业一体化发展的核心理论，成渝地区双城经济圈内体育产业资源各异，各地根据自身特色，应加快发展体育旅游、体育赛事、体育休闲、体育文化等新兴体育产业。在成渝地区双城经济圈内尽快积聚一批相互关联的体育企业及专门的管理机构，规范体育市场中的竞争行为，实现区域内体育产业资源共享，产生各种有利于体育产业发展的效应，以此提升区域体育产业竞争力。

4 成渝地区双城经济圈体育产业发展情况分析

本章通过分析成渝地区双城经济圈体育产业发展现状，厘清当前体育产业存在的问题，寻找成渝地区双城经济圈体育产业的发展契机。一方面，从成渝地区双城经济圈体育产业一体化发展的经济环境、自然环境、社会环境，以及成渝地区双城经济圈体育赛事的空间布局梳理成渝地区双城经济圈体育产业一体化发展的现实基础，为成渝地区双城经济圈体育产业发展提供现实依据；另一方面，概括川渝地区体育产业总体概况，从体育用品及相关产品制造、销售、贸易处理与出租，体育场地设施建设与管理，体育健身休闲活动，体育彩票服务四个方面，系统分析成渝地区双城经济圈体育产业发展现状，为推动成渝地区双城经济圈体育产业的可持续发展提供现实依据。

4.1 成渝地区双城经济圈体育产业一体化发展的现实基础

4.1.1 成渝地区双城经济圈体育产业一体化发展的经济环境

经济基础决定体育产业的发展进程，推动成渝地区双城经济圈体育产业一体化发展，是成渝地区双城经济圈社会经济发展的客观需要。

据 2021 年国家统计数据显示，2020 年成渝地区双城经济圈 GDP 为 73601.59 亿元，在整个西南地区中的占比为 53.3%；常住人口为 11572.91 万人，占西南地区常住人口的 56.4%，人口密度是西南地区的 2.71 倍；土地面积为 48.6 万平方千米，占西南地区土地面积的 20.8%。成渝地区双城经济圈以西南地区 1/5 的土地面积承载了西南地区一半以上的人口。成渝地区双城经济圈2020年经济社会基本数据统计如表4-1所示。成都市与重庆市是成渝地区双城经济圈的两大龙头城市，2020年成都市与重庆市经济总规模达17716.7亿元与25002.79亿元，成渝两地GDP合计占成渝地区双城经济圈GDP总额的58%。成都市与重庆市常住人口城镇化率高达77%和65%，两市的城镇居民的可支配收入为48593元与40006元。成渝地区双城经济圈的建立推动了城市间的人口资源流动，劳动力要素主导着产业和资本的流动方向，区域内较高的经济发展水平具备发展体育产业的较好优势，为体育产业的一体化提供了良好的经济环境。

表4-1 成渝地区双城经济圈2020年经济社会基本数据统计

统计指标	成渝地区双城经济圈	西南地区	成渝地区双城经济圈与西南地区的比值
常住人口（万人）	11572.91	20514.86	56.4%
土地面积（平方千米）	486000	2340600	20.8%
人口密度（人/平方千米）	238	87.6	271%
GDP（亿元）	73601.59	138103	53.3%

数据来源：各省统计局2021年相关数据统计信息。

体育产业是一项极具潜力的朝阳产业，成渝地区双城经济圈为推动两地体育产业一体化提供了发展机遇，同时，成渝地区体育产业一体化发展是有效促进建设成渝地区双城经济圈的现实需要。当前成渝地区双城经济圈内体育产业的发展水平达到了历史最高，对于成渝地区经济的贡献价值也逐步显现。据《2020年四川省体育产业总规模与增加值数据公告》显示，2020年四川省体育产业总产值达1734.02亿元，增加值为648.02亿元，占当年四川省GDP的比重为1.33%，即使受疫情影响，四川省体育产业总产值和增加值也较2019年增长9.6%与7.5%；2019年重庆市体育产业总产值为504.72亿元，增加值为213.55亿元，体育产业增加值占重庆市同期GDP的比重为0.9%。成渝地区双城经济圈体育产业发展水平统计如表4-2所示。成都市、重庆市两座中心城市的体育产业要素支撑和发展质量得以不断提升,从人均场地面积看,2020年成都市与重庆市人均体育场地面积分别为2.17平方米与1.84平方米[①②],超额完成了"十三五"规划目标;从产业结构看,体育服务业发展优势明显,2019年,成都市体育服务业增加值占体育产业增加值的比重为79.2%,重庆市体育服务业增加值为161.80亿元,在同期体育产业中所占比重为75.8%。

表4-2 成渝地区双城经济圈体育产业发展水平统计

地区	体育产业总产值（亿元）	增加值（亿元）	增加值占GDP比重（%）	体育服务业增加值（亿元）
四川省（2020年）	1734.02	648.02	1.33	511.02
重庆市（2020年）	541.33	226.37	0.9	164.85
成都市（2020年）	805.02	297.69	1.68	222

数据来源：四川省体育局、重庆市体育局、成都市体育局2020年相关数据统计信息。

由此可见,成渝地区双城经济圈内体育产业发展已初具规模,产业质量和发展要素也得到不断夯实,伴随着成都市、重庆市两座中心城市联手打造首批国家级体育消费城市,成渝地区双城经济圈内庞大的体育群体和日趋增长的体育消费将为其体育产业的一体化发展奠定坚实基础。与此同时,尽管成渝地区双城经济圈内体育产业的发展水平实现了快速提升,但是区域间发展不平衡仍是客观事实。例如,作为成渝地区双城经济圈内次一级城市的绵阳市,2020年体育产业的总产值仅为48.75亿元,占四川省同期体育产业总产值的2.8%[③]。

4.1.2 成渝地区双城经济圈体育产业一体化发展的自然环境

成渝地区双城经济圈体育产业的一体化发展不仅有着坚实的经济基础,还具

---

① 杨晨."三城三都"三年建设显成果 人均体育场地面积达2.17m^2[EB/OL].（2021-04-07）[2023-05-15]. https://www.163.com/dy/article/G70FV40U0514D3UH.html.

② 佚名.重庆市体育局晒2020年体育场地发展"成绩单" 人均面积1.84平方米[EB/OL].（2021-06-08）[2023-05-15]. https://baijiahao.baidu.com/s?id=1702001496310673322&wfr=spider&for=pc.

③ 郭祺.绵阳市召开2021年全市体育工作会议[EB/OL].（2021-03-10）[2023-05-15]. https://sports.scol.com.cn/sz/202103/58079881.html.

备了地理位置和地缘关系上的优势。中心城市成都市和重庆市分别位于四川盆地的东西两侧，盆地内肥沃的紫色土壤及典型的亚热带季风气候催生了我国较早的农业经济。成都市处于四川盆地西部的成都平原，自岷山奔腾而下的岷江在成都平原呈扇状分流，由此导致极为平坦的地势，丰富的水源是区域内经济繁庶的重要原因，也是成都市能够在数千年的时间里持续发展的独特自然地理环境；重庆市处于四川盆地东部的河谷多山地带。在自然地理环境方面成渝两地各有特色，相比较而言成都市较为优越，与成都市平坦的地势相对，重庆市是由水流冲击形成的纵横交错的山地，不利于耕种。但是重庆地区内的水资源优势促进了水上运输和商贸的发展，自古便是巴蜀地区粮食运输的重要码头基地，是西部地区重要的商品集散地，对于带动我国西部地区的快速发展发挥了重要作用。

成渝两地经济和文化的互流互通发挥着决定性作用，两地虽然分别地处盆地的东西部，但以山水为纽带相互依存，秦朝早期两地便开通了水上交通。进入现代后，科技的进步及交通方式的变化使成渝两地的时空距离发生了彻底的缩减。1952 年，重庆市与成都市开通了第一条陆上交通路线，行程时间由之前的一周缩短为一天之内。1987 年，打造了第一条铁路线，重庆市与成都市之间的行程时间又缩短了将近一半。1995 年，成渝高速公路的成功建设将行程时间缩短为四个小时。进入 21 世纪，各种现代化先进交通设备相继投入。2020 年，成渝两地的高铁通行时间仅为一个小时，"交通革命"极大地促进了两地的同城化，推进了成渝地区双城经济圈的一体化，也为体育产业能够一体化发展提供了基础设施条件。

4.1.3 成渝地区双城经济圈体育产业一体化发展的社会环境

由于政治体制和行政区划的阻碍，成渝两地在体育产业合作问题上的协调和商讨存在较大阻碍。川渝地区的体育产业布局趋向于相同性质，并且川渝两地都不希望放弃自己发展较好的体育产业。因此，在许多的体育产业发展上，川渝地区依然存在直接竞争。从成渝两地周边城市的主导产业来看，大多数区县体育产业的发展不尽如人意，没有比较优势体育项目，而新兴体育产业的发展同质化又比较严重。例如，马拉松比赛，成都有双遗马拉松和成都马拉松两个著名赛事，同时重庆有重庆马拉松比赛。赛事的重叠性会导致两地在资源和人才上的相互竞争。体育场馆是体育事业和体育产业的重要载体，是体育产业发展的基础条件。据数据统计，四川省现有体育部门所属大型体育场馆共计 84 个，重庆市现有体育部门所属大型体育场馆共计 69 个，这些体育场馆为成渝地区的体育产业发展提供了保障条件。

消费是经济发展的基础与动力，促进体育消费将是较长期我国体育产业发展的关键着力点。为充分发挥地区体育消费的示范引领作用，国务院办公厅印发《关于促进全民健身和体育消费推动体育产业高质量发展的意见》（国办发〔2019〕43 号），提出以创建国家体育消费试点城市为主抓手，开展促进体育消费试点的重大举措。当前成渝地区双城经济圈内无论是体育人口的规模还是体育消费能力都达到了历史最高点。体育人口是指在某一阶段频繁进行体育运动、接受体育教育与训练、从事与体育相关生产生活活动的既定群体，体育人口须具备三个显著特征：有具体的目标、有明显的行为特征、持有长期的兴趣。《成都市"十四五"世界赛事名城建设规划》数据显示，"十三五"期间，成都市成功举办 99 项高水平国际体育赛事，到 2020 年底，全市人均体育场地面积达到 2.17 平方米，经常参加体育锻炼人数增加至 742 万人，全市体育人口比例提升至 48.6%，较"十二五"期间提出的发展目标（每年组织进行的健身活动达到 2000 次，体育人口在全市总人口中的比重达到 45%，大约 60000 人从事体育产业活动）有显著提升。《重庆市全民健身实施计划（2021—2025 年）》提出，到 2025 年重庆市经常参加体育锻炼人数比例达 48%，人均体育场地面积超 2.2 平方米。由此可见，成渝地区双城经济圈之内的体育人口已经形成了一定的规模，而体育人口是一切体育产业活动最为基础的载体，成都市和重庆市这两座中心城市庞大的体育群体为成渝地区双城经济圈体育产业的一体化发展提供了数量基础。

体育产品的商业价值最终取决于人们对于体育消费品的实际需求及他们的支付能力，主要受家庭收入和支出的影响。四川省统计局公布的《四川统计年鉴-2021》显示，2020 年四川省城镇居民恩格尔系数为 34.78%，社会销售品零售总额为 20824.9 亿元，城镇居民人均可支配收入为 38253 元，人均消费性支出为 25133 元。重庆市统计局公布的《重庆统计年鉴-2022》显示，2021 年重庆市居民人均可支配收入为 33803 元，城镇居民人均消费性支出为 29850 元，教育文化娱乐和医疗保健分别占 3241 元、2662 元，居民恩格尔系数为 33.2%。由此可见，近年来川渝地区居民的收入有了很大的提升，恩格尔系数持续降低，体育消费观念也发生了极大的改变。以成都市为例，2018 年体育产品销售收入为 125.31 亿元，在商品零售总额中占 2.12%，与 2017 年相比提高了 0.11%，在社会消费品零售总额中占 1.84%，与 2017 年相比提高了 0.08 %，成渝两地居民体育消费的日趋增长为体育市场的一体化奠定了坚实的基础。

成渝地区双城经济圈 2020 年 GDP 总量及常住人口统计如表 4-3 所示。

表 4-3 成渝地区双城经济圈 2020 年 GDP 总量及常住人口统计

四川地区			重庆地区		
城市	GDP 总量（亿元）	常住人口（万人）	城市	GDP 总量（亿元）	常住人口（万人）
成都	17716.67	2093.78	重庆	9846.73	3205.42
绵阳	3010.08	486.82	涪陵	1225.08	111.50
宜宾	2802.12	458.88	江津	1109.44	135.96
德阳	2404.13	345.61	永川	1012.37	114.88
南充	2401.08	560.75	合川	972.44	124.52
泸州	2157.22	425.41	万州	970.68	156.44
达州	2117.80	538.54	荣昌	709.80	66.89
乐山	2003.43	316.01	长寿	732.56	69.29
内江	1465.88	314.06	綦江	714.30	101.13

续表

四川地区			重庆地区		
城市	GDP总量（亿元）	常住人口（万人）	城市	GDP总量（亿元）	常住人口（万人）
自贡	1458.44	248.92	大足	700.54	83.45
眉山	1423.74	295.52	铜梁	661.02	68.57
遂宁	1403.18	281.41	潼南	475.26	68.81
广安	1301.57	325.48	南川	360.76	57.23
资阳	807.50	230.86	丰都	335.42	55.73
雅安	754.59	143.46	黔江	245.16	48.72

数据来源：世界经济网及2020年第七次全国人口普查主要数据情况公报。

据表4-3显示，成都市和重庆市是成渝地区双城经济圈中GDP总量最高及常住人口最多的城市，反观其他城市的GDP总量超过2000亿元的共计七个且都属于四川地区，而重庆地区没有。由此可以看出，成渝地区双城经济圈中各城市之间发展极其不平衡、不协调，并且位于成渝地区双城经济圈中心地带的大足、合川、潼南、德阳、绵阳、遂宁、广安七个城市的GDP总量合计为10267.2亿元，远低于成都市的GDP总量。显然成渝地区双城经济圈的发展处于"双核独大""中部塌陷"的局面。但是核心区域优越的领先优势并没有更好地辐射周围城市，反而核心区域的"虹吸效应"远大于"溢出效应"，最终造成成渝地区双城经济圈发展规模缺乏层次，并且拖累整个成渝地区双城经济圈的整体发展。

近几年，成渝两地的体育产业保持着良好的发展势头，为区域一体化的发展铸就坚实的产业基础，促进区域生产总值的健康、平稳、高质量增长。首先，体育产业的总量逐年提升。据2020年川渝地区数据统计显示，四川省体育产业总产值为1734.02亿元，增加值为648.02亿元，占当年四川省GDP的比重为1.33%，成都市实现体育产业总产值由2015年的392.24亿元增长至2020年的805亿元。重庆市2020年体育产业总产值达541.33亿元，体育产业从业人数为14.3万人，累计发行体育彩票239亿元。成渝两地的体育产业总产值不断地增加，占地区生产总值的比重不断扩大，对经济的贡献也在不断地提升。其次，体育产业发展的基本条件得到保障。根据课题组调查数据显示，截至2021年，成都市打造"社区运动角"70余处、"天府绿道健身新空间"203处，天府绿道累计植入体育设施1500处，累计建成各类体育场地5.5万余个，总面积4841平方米，其中足球场110处、篮球场240处、乒乓球场164处、羽毛球场174处、网球场105处、排球场30处、台球场234处、门球场21处。截至2020年底，重庆市共有体育场地126189个，体育场地面积为5891.44万平方米，每万人拥有体育场地39.37个，人均体育场地面积达到1.84平方米，较2013年人均体育场地面积1.37平方米增长，超额完成"十三五"规划的1.7平方米的目标。成渝两地在场地设施上都超过国家规定的平均水平，为体育产业的发展提供设施保障。再次，居民收入与消费稳步增长。根据统计数据显示，四川省2020年城镇居民人均可支配收入为38253元，人均消费性支出为25133元。重庆市居民人均可支配收入为30824元，其中城镇居民人均可支配收入为40006元，农村居民人均可支配收入为16361元。据成都市统计数据显示，2021年，成都市体育消费总规模达532.4亿元，居民人均体育消费支出为2518.6元，较体育消费试点城市工作开展前增长3.6%，占居民消费支出的8.8%左右。由此可以看出，经济水平的提高，以及成渝地区生活消费的理念和庞大的人口基数，为体育产业的发展提供了可靠的消费能力。

4.1.4 成渝地区双城经济圈体育赛事的空间分布

举办体育赛事活动，在一定程度上能够促进城市的多方面发展，对于加速城市转型和升级具有推动作用。当然，体育赛事促进城市发展，实现城市建设的升级，反过来城市升级又将作用于体育赛事的升级，进而带动体育产业的发展，形成体育赛事与城市发展之间的良好关系。在此相互促进下，城市与体育赛事的良性关系不仅能促进个体城市的发展、链接体育赛事，还能实现城市与城市之间的良性互动，最终创新建设区域空间结构，实现区域一体化的发展格局。通过对2016—2020年成渝地区双城经济圈体育赛事举办情况统计分析可知，在国际赛事的举办方面，四川省的总数为94个，其中成都市占84%，重庆市的总数为20个，其中重庆主城区占89%，两个区域中的其他城市分别占16%和11%；在全国赛事的举办方面，四川省的总数为87个，其中成都市占51%，重庆市的总数为70个，其中重庆主城区占45%，两个区域中的其他城市分别占49%和55%；在省、市级赛事的举办方面，四川省的总数为427个，其中成都市占42%，重庆市的总数为294个，其中重庆主城区占32%，两个区域中的其他城市分别占58%和68%。2016—2020年成渝地区双城经济圈体育赛事统计如表4-4所示。

表4-4　2016—2020年成渝地区双城经济圈体育赛事统计

赛事规模	四川省 总数（个）	成都市（%）	其他城市（%）	重庆市 总数（个）	重庆主城区（%）	其他城市（%）
国际	94	84	16	20	89	11
全国	87	51	49	70	45	55
省、市级	427	42	58	294	32	68

数据来源：成都市、重庆市、四川省统计局官网。
注：同一体育赛事在不同地点举办统一按照一个计算。

国际赛事的举办主要集中在成渝地区双城经济圈中的成都市和重庆主城区，其他城市主要开展省、市级赛事，较少承办大型的体育赛事。由此说明在空间分布上，该区域的体育发展不平衡，中心城市处于绝对的优势，形成了区域单中心结构。因此在之后的发展中，中心城市要加强与区域中的其他城市的交流与合作，共同办赛。强化中心城市与其他城市之间的联系，实现区域多中心城市的形成，促进区域体育产业一体化的发展。

4.2 四川省体育产业发展的情况及问题

4.2.1 四川省体育产业总体概况

四川省体育产业自20世纪80年代末就已萌芽,直至90年代末尚处在探索阶段,21世纪初迎来发展阶段,截至目前已相应进入稳定发展阶段。2019年,四川省体育及相关产业经济总规模为1582.68亿元,实现增加值602.21亿元,在全国体育产业增加值中的占比为5.36%,也为四川省GDP贡献了1.29%,据图4-1显示,近20年四川省体育产业增加值占GDP的比重逐年增长。从内部结构来看,四川省体育服务业生产总值达总产值的68%,其增加值占总增加值的78.3%,发展优势较为明显;从增长速度来看,四川省体育健身休闲活动、体育用品及相关产品制造业分别以22.2%和21.5%的增长速度占据优势[①]。

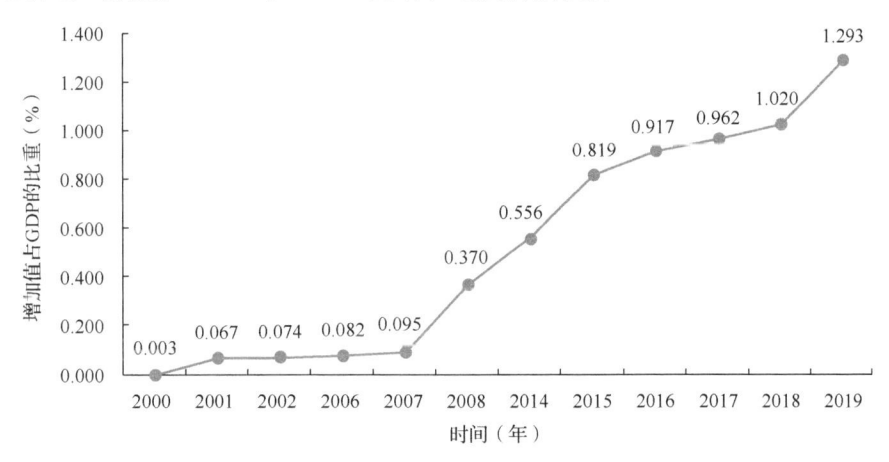

图 4-1 四川省近20年体育产业增加值占GDP的比重

---

① 体育局办公室. 四川省体育局 四川省统计局2019年四川省体育产业总规模与增加值数据公告[EB/OL]. (2021-06-08)[2023-05-15]. http://tyj.sc.gov.cn/sctyj/tycy/2021/6/8/54e0512fc6594b9595571254bc8ad0e3.shtml.

四川省体育产业经过 20 多年的发展，带动了区域内体育用品业的体育用品及相关产品的销售、贸易代理与出租，体育用品及相关产品制造业（以下简称体制业）的发展，体育建筑的完善，等等。虽然还没有较大规模的发展，但已经有了很好的基础，其整体的发展潜力较大，并且第 31 届世界大学生夏季运动会已于 2023 年在四川省成都市举办，这为四川省体育产业的发展提供了重大机遇和新的动力。

4.2.2　四川省体育产业各行业的发展情况及主要问题

1. 体育用品及相关产品制造、销售、贸易代理与出租

四川省体制业起步较晚，但其呈现出良好的发展态势[1]。成都市于 1999 年首次举办中国国际体育用品博览会（简称体博会），在一定程度上推动了体制业的发展，为从事体育用品及相关产品制造的从业者带来许多发展的灵感和有效信息，促进其研发、设计和生产工作。2001 年，四川省体育用品及相关产品制造单位仅 23 家，营业收入总额共计 3563.6 万元[2]。2007 年，成都市温江区致力于建设国家体育产业基地，有力推动了四川省体制业的发展，同年四川省体育用品及相关产品制造生产总值达 3.18 亿元[3]，增加值为 1.04 亿元，并且增加值增长率高达 99.98%，占全省体育产业年度增加值的 1/4，从业人员是 2001 年从业人员的 3.66 倍，共计 4665 人。2014 年 10 月，国务院印发《关于加快发展体育产业促进体育消费的若干意见》，在这之后，四川省体育用品及相关产品制造业得到进一步发展。据课题组调查统计，2014 年的总产值约为 2007 年总产值的 3 倍，达 9.5 亿元，2015 年体制业增加值达 8.37 亿元，2018 年四川省体育用品及相关产品制造单位达 623 家，从业人员达 23063 人，分别是 2001 年的 27.09 倍、20.46 倍，其总产值高达 298.03 亿元，增加值达 97.58 亿元，是 2007 年的近百倍，并且位居四川省体育行业第二，

---

[1] 梅小兵，刘香. 四川省体育产业合理化布局探讨[J]. 成都体育学院学报，2012，38（9）：12-15.
[2] 马可冰，尤运生，白焰. 四川体育产业的现状及发展建议[J]. 四川省情，2003（4）：12-14.
[3] 李畔. 四川省体育用品业发展战略研究[J]. 产业与科技论坛，2010，9（10）：69-72.

呈现后来居上式发展态势。2001年、2007年、2014年、2018年四川省体制业总产值变化如图4-2所示。

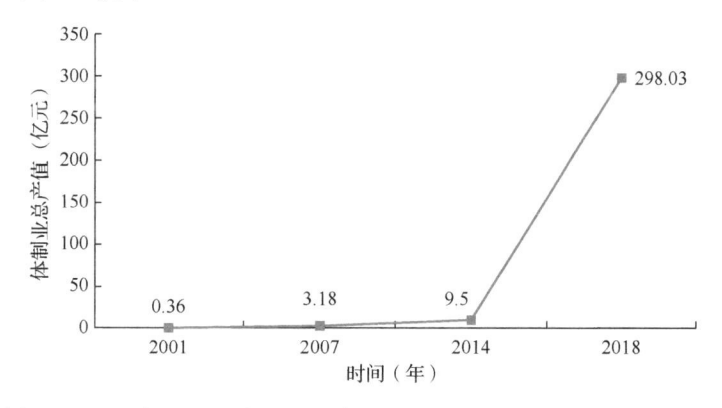

图4-2 2001年、2007年、2014年、2018年四川省体制业总产值变化

虽然四川省拥有较高的制造业水平,但是它并未利用地区优势发展具有特色的区域体育用品制造企业及具有民族特色的体育用品品牌;没有充分利用省内人力资源优势,以及有效地结合引进和输出,打造本土品牌产品,欠缺像李宁、安踏、匹克等这样的国内知名体育品牌。此外,四川省生产出的体育产品科技含量相对较低,并且主要是中低端体育产品,大多数产品以模仿国内外产品样式为主,科研方面投入占比少、技术支撑不足及研发人员匮乏,导致缺乏技术和商品的创新,因此,在与国内外知名品牌竞争过程中处于不利地位。

四川省的体育用品及相关产品销售、贸易代理与出租呈稳步发展的态势,并且在吸纳就业人口方面发挥着重要作用。四川省体育用品及相关产品销售、贸易代理与出租(以下简称体销贸租业)增加值及就业人口数如表4-5所示。2000年该行业从业人数仅为713人,2001年该行业发展迅速,其营业收入达9.69亿元,创造增加值4.1亿元,在四川省体育产业中占主导地位,并且从业人数为5690人[1]。第18届、第20届体博会接连在四川省成都市举办,为四川省体育用品及相关产

---

[1] 马可冰,尤运生,白焰. 四川体育产业的现状及发展建议[J]. 四川省情,2003(4):12-14.

品销售产业提供了将产品销售到全国乃至世界各地的绝佳机会，2006 年、2007 年省内该行业的增加值分别为 1.65 亿元、2.61 亿元，并且 2007 年该行业的从业人数突破万人，达 14660 人。截至 2010 年，四川省关于体育用品及相关产品的专卖店已达 500 多家[1]，并且相关企业的市场营销意识不断增强。2014 年，省内体育用品销售总额达 48.99 亿元，创造增加值 19.43 亿元。2015 年，省政府出台一系列促进体育产业发展的纲领性政策文件，有力地推动了省内该行业及相关体育产业的发展。2018 年、2019 年，该行业增加值高达 87.97 亿元、97.96 亿元，其中 2018 年从业人数为 52990 人次。截至 2020 年，通过对体育用品行业各项数据统计分析可知，国内体育用品行业公司排名前十位中，四川省的公司占有两席[2]。

表 4-5　四川省体销贸租业增加值及就业人口数

时间（年）	增加值（亿元）	从业人数（人）
2000	0.12	713
2001	4.10	5690
2006	1.65	—
2007	2.61	14660
2014	19.43	—
2018	87.97	52990
2019	97.96	—

但四川省体育用品及相关产品销售、贸易代理与出租仍存在营销手段单一、以专卖形式为主、没有很好地利用现代化营销手段来拉近与消费者的距离等问题，从而在一定程度上影响了品牌的销售收入和知名度。首先，企业过于注重对品牌产品广告的投入，而又无余力开发更多的产品及相关的售后服务，导致因无法得到消费者的认可而快速地失去消费者；其次，四川省体育用品及相关产品销售、

---

[1] 尹志琼，吴勇. 四川体育用品市场的开发与营销策略[J]. 中国商贸，2012（7）：104-105.
[2] 佚名. 体育用品行业公司排名[EB/OL].（2020-05-12）[2023-05-18]. https://www.chinabgao.com/enterprise/18185.html.

贸易代理与出租的发展缺乏具备体育、营销管理、经济贸易等诸多方面知识的人才；再次，虽然体育销售相关行业能吸纳大量的劳动力，但从事体育代理等体育衍生行业的人员相对较少。

2. 体育场地设施建设与管理

早在1955年，中国全国总工会在《关于开展职工体育运动暂行办法纲要》中就对体育场地、设备的修建做出了规定，体育场地数随之逐年增加[①]。根据已有的几次全国体育场地普查数据和官方统计数据显示，四川省的体育场地从1986年第四次普查的17611个增加到2004年第五次普查的各类体育场地44633个[②]，到2006年已拥有2.62万个标准场地，再到2013年底第六次普查的67735个（其中体育系统占1.74%），人均体育场地面积较前一次普查增加了0.3平方米。截至2019年底，全省拥有23.84万个体育场地，其中田径场地有6935个，包含1273个400米环形跑道的田径场地和5662个其他田径场地；游泳场地有2074个；球类运动场地有16.54万个，包含6.34万个足球、篮球、排球"三大球"场地，9.92万个乒乓球和羽毛球场地，2818个其他球类运动场地；冰雪运动场地有36个；全民健身路径有5.37万个。全省拥有大约1.27亿平方米的体育场地面积，2019年四川省体育场地面积分机构类型情况如图4-3所示，可以看出其中6036.96万平方米体育场地面积属于四川省事业单位，占全省体育场地面积总量的47.44%，而相比之下，企业体育场地占地面积仅为1191.24万平方米，占全省体育场地面积总量的9.36%，说明企业对体育场地设施的投资严重匮乏。

---

① 李高峰，郝力宁. 中日美大众体育场地设施管理的比较研究[J]. 体育成人教育学刊，2006. 22（3）：26-28，47.

② 省体育局管理员. 践行科学发展观 提升体育竞争力 推进全省体育事业又好又快发展[EB/OL].（2009-03-23）[2023-05-20]. http://tyj.sc.gov.cn/sctyj/szxw/2009/3/23/118d6954813c44f5b46ac5db12236940.shtml.

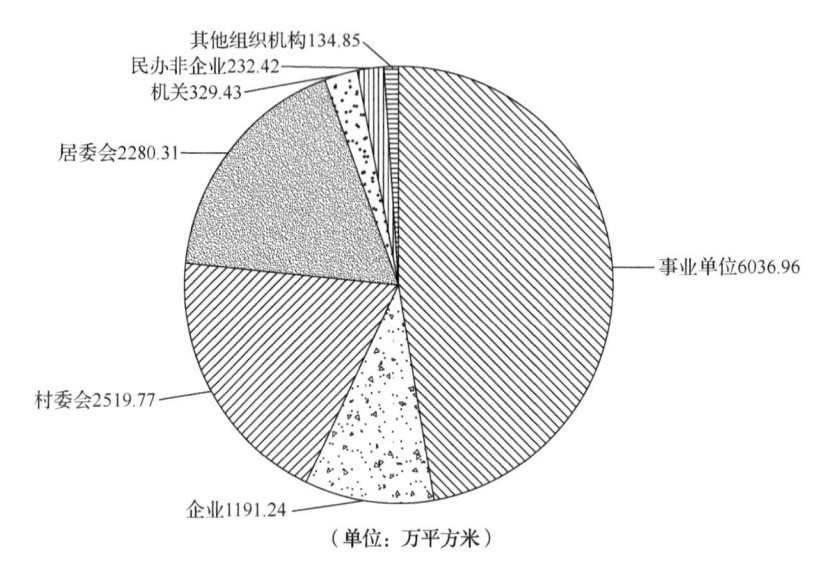

图 4-3 2019 年四川省体育场地面积分机构类型情况

（数据来源：四川省体育局官网。）

截至 2019 年底，四川省分别拥有国家级、省级高水平后备人才基地 18 个和 27 个，以及省级幼儿体育基地 50 个、市（县）级业余训练重点单位 28 个，国家级青少年体育俱乐部 264 个[①]。四川省各市州大型体育场馆和省体育场馆能够在一定程度上满足群众体育的需求，为群众体育活动提供场所，但省内各市州体育场地建设数量分布不均衡，有的场馆修筑面积过大，因看台利用率低而造成资源浪费问题，也有场馆因区域经济发展不平衡而导致体育设施配置不平衡、功能单一，同时存在一些公共体育设施后期维护建设不到位的问题。四川省各市州免费/低收费开放的大型体育场馆的基本情况如表 4-6 所示。

表 4-6 四川省各市州免费/低收费开放的大型体育场馆的基本情况

场馆名称	修建时间（年）	占地面积（平方米）	修筑面积（平方米）	最大容纳人数（人）
四川省体育馆	1989	43200	24900	9614
成都市体育中心	1991	93333	10200	40000

---

① 四川省体育局. 四川体育年鉴 2019[M]. 成都：四川人民出版社，2019：217-221.

续表

场馆名称	修建时间	占地面积（平方米）	修筑面积（平方米）	最大容纳人数（人）
自贡市南湖体育文化中心	2008	211667	62600	20000
攀枝花市体育馆	1993	11946	5730	3400
泸州市奥林匹克公园体育馆	2012	7806	11700	3200
德阳市体育馆	1994	112001	14875	4600
绵阳市南河体育中心	1992	95991	29540	30000
广元市澳源体育中心	2009	251107	25500	23000
遂宁市体育中心	2014	175333	79190	26679
隆昌市体育馆	1996	8630	11000	3088
乐山市体育中心	1992	106667	16025	23000
南充市顺庆区金世纪体育馆	2002	6000	5100	3200
宜宾市叙州区体育中心体育馆	1998	5480	3087	3270
广安市岳池县体育馆	2002	66700	36680	5900
达州市宣汉县体育馆	2005	5500	4500	3200
巴中市南江县体育馆	2010	17200	10080	3476
雅安市荥经县体育馆	2001	5200	4088	3020
眉山市彭山区体育馆	1993	3115	3715	2200
资阳市体育馆	2005	40000	12600	5000
阿坝州体育馆	2005	31333	10005	3516
甘孜州民族体育馆	2010	19100	17796	3728
凉山州民族体育场	2001	150852	12761	21532

数据来源：四川省体育局官方网站。

近年来，随着四川省经济建设及体育产业的快速发展，全省的体育场地设施建设正逐步加强。2007年，除甘孜州外各市地州均有标准体育场，成都已具备举办全国性综合运动会的场馆设施条件，乐山市、绵阳市、自贡市等15个市州已经具备举办省级综合运动会或单项全国、国际比赛的体育场馆设施[1]。截至2019年，

---

[1] 舒为平，张文革，昝凌峰，等. 西部大开发与四川体育发展对策研究[J]. 成都体育学院学报，2007，33（5）：23-26，56.

全省各市州均至少有一个大型体育场馆。根据调查显示，四川省体育场馆的运营管理模式主要包括自主运营、委托运营和合作运营三种[①]，大多数体育场馆采用自主运营模式，其中为便于教学使用及学校管理，教育系统大部分采用了自主运营模式。四川省体育场馆运营模式及分系统运营模式数量统计情况如表 4-7 所示。

表 4-7 四川省体育场馆运营模式及分系统运营模式数量统计情况

运营模式	自主运营（个）	委托运营（个）	合作运营（个）
体育系统	1088	52	37
教育系统	31648	138	81
其他系统	33393	994	214

数据来源：第六次全国体育场地普查数据。

此外，四川省各市州均拥有免费/低收费开放的大型体育场馆，其中包含两个乙类体育场馆，位于成都市天府新区的中国现代五项赛事中心是当前国内规模最大且设施最完善的现代五项赛事基地，也是目前世界上级别最高且设施条件最好的现代五项比赛场馆之一。各市州场馆大部分举办过大型赛事。例如，隆昌市体育馆自建成以来，先后成功举办了 361°中国女子排球联赛四川省主场（隆昌赛区）等十余场大型赛事，多次荣获全国"优秀赛区"称号。值得一提的是，目前四川省拥有多个现代化运营的体育场馆，这些体育场馆接入了数字化运营云平台，其中包含体育场馆运营平台、体育场馆数据平台、微信公众号、小程序及扩展功能四大方面，以数字化手段大幅度提升了场馆的服务水平和运营效率。四川省体育场馆接入数字化运营云平台详细情况如表 4-8 所示。

表 4-8 四川省体育场馆接入数字化运营云平台详细情况

接入时间	接入体育场馆名称
2018 年 7 月	四川省体育馆
2018 年 12 月	泸州奥林匹克体育公园

---

① 姚淑馨. 促进四川省体育场馆可持续发展路径研究[D]. 成都：成都体育学院，2017：12-13.

续表

接入时间	接入体育场馆名称
2019年1月	达州市达川区文体中心
2019年2月	乐山市体育中心
2019年3月	资阳市游泳综合训练馆
2019年5月	资阳市全民健身中心
2019年5月	德阳市中江县体育馆

数据来源：四川省体育场馆协会官方网站。

四川省体育场馆的运营存在专业管理人才匮乏的问题。教育系统内的体育场馆以自主管理为主，多数体育场地不对外开放，因而降低了体育场地的使用率和对外开放率；此外，省内大型公共体育场馆存在资产定位不明晰、公益性与经营性脱节的问题，有些体育场馆因体育本体产业的收入不足以支撑该馆的基本运营需求而多用于开展演艺活动、大型会展活动等非体育本体产业，长久以来就会导致体育本体服务向非体育本体服务倾斜，影响了体育场馆本身的功能发挥和服务水平。

3. 体育健身休闲活动

四川省体育健身休闲活动的发展具有雄厚的资源基础，整体呈稳步发展趋势。第一，四川省有着厚重的休闲历史文化积淀，其独特的蜀文化所造就的休闲氛围[1]及具有高低悬殊等特点的复杂的地貌特征为山地娱乐、垂钓等休闲运动提供了得天独厚的自然环境[2]，提高了群众的体育参与度。第二，四川省具备足够的群众体育活动场地数，由表4-9可知，在1995年省内体育场地总数为3.58万个[3]，而至2006年，体育场地总数已达4.66万个，截至2019年底，全省体育场地总数高达23.84万个，其中全民健身路径达5.37万个，体育场地总面积达1.27亿平方米，

---

[1] 蒋晓薇. 资源配置视域下的四川省大型公共体育场馆困境与出路研究[D]. 成都：成都体育学院，2014：18-20.
[2] 陈林会. 区域体育产业增长极培育研究[D]. 南京：南京师范大学，2012：95-96.
[3] 陈碧霞. 四川省体育产业现状分析与发展思路探究[D]. 成都：西南交通大学，2016：19-20.

人均体育场地面积为1.52平方米,包括多个全年不休息能同时容纳上万人开展各种运动项目的全民健身活动中心、居民小区中的体育基础设施及较为广阔的体育公园和广场。第三,随着居民经济水平的不断提高,体育消费理念和消费需求悄然发生改变,居民对体育健身休闲活动的需求逐步增加[①],围绕体育健身、健身房、滑冰场等消费热点,涌现出一批体育健身场馆和休闲健身中心,以及一些高消费体育项目设施。据统计,2014年四川省内登记在册的各类体育健身场所已逐步逼近2万余家,总投资额超出30亿元,就业人员有15万人次[②],另外,2019年底四川省体育健身休闲活动的增加值达62.19亿元。第四,四川省体育健身休闲活动的发展具有良好的体育队伍,截至2010年底,四川省已有1655个社区建立了全民健身指导站(点),有2718个乡镇建立了全民健身指导机构和体育协会,培养社会体育指导员达6万余名;截至2015年,四川省累计有15322个村级体育设施、20个青少年体育活动中心和14万名社会体育指导员;截至2018年底,四川省累计有全民健身指导站(点)16907个、行政村农民体育健康工程29776个和社会体育指导员191124名。

表4-9 四川省体育场地建设情况

时间(年)	体育场地总数(万个)
1995	3.58
2000	4.36
2006	4.66
2014	6.77
2018	19.13
2019	23.84

数据来源:四川省体育局官网。

首先,四川省的体育健身休闲业的发展存在城乡体育健身资源配置不均的历

---

① 李贵春. 四川省新型城镇化过程中构建休闲体育产业集群研究[D]. 成都:西华大学,2016:13-14.
② 陈碧霞. 四川省体育产业现状分析与发展思路探究[D]. 成都:西南交通大学,2016:20-21.

史问题，部分农村地区严重缺乏体育健身设施及体育健身器材，或者健身场馆不对外开放，没有专门的体育行政管理机构及完善的村级体育领导机构，社会体育指导员数量严重不足，群众体育的宣传工作不到位，导致群众体育观念落后[①]。其次，四川省体育健身休闲场所存在整体规模小、产业相关产品配套设施不完善、市场发育不成熟及匮乏高素质体育经营管理人才等问题，并且付费的健身娱乐休闲市场多数集中在成都市、德阳市、宜宾市等大中城市，其余城市发展相对缓慢。再次，四川省内一些公共体育场地、设施和体育健身器材的维修缺乏经费支撑，导致其利用率极低。

4. 体育彩票服务

四川省于 1992 年首次公开发行了第一张传统型体育彩票，但由于没有统一的管理部门，从宣传到发行方式都比较原始。1994 年，体育彩票在全国统一发行，同年，四川省借承办第 22 届世界跳伞锦标赛的契机，经国务院批准发行了 3000 万元传统体育彩票，推动四川省体育彩票进入一个新的发展阶段。1995 年，四川省成立四川体育彩票管理中心，发行的方式及彩票类型主要是大规模集中销售和即开型体育彩票。截至 1999 年末，四川省即开型体育彩票销售额达 3.5 亿元，为电脑型体育彩票的发展奠定了基础。1999 年 8 月，电脑型体育彩票在四川省成都市上市销售，到同年年底，电脑型体育彩票每期销售额保持接近 2000 万元的水平[②]。2000 年，四川省体育彩票中的电脑型体育彩票销售额创下高达 16.2 亿元的历史性成绩，居全国第二[③]。截至 2007 年底，四川省体育彩票销售额累计突破 100 亿元大关[④]，四川省体育彩票也由一开始发行单一的传统型体育彩票发展为今天的超级大乐透、7 星彩、排列、顶呱刮、竞彩等多种类型共同发售，销售额逐年增长。2015—2021 年，四川省体育彩票销售额由 45.4 亿元增长至 124.2 亿元。2018 年，四川

---

① 李新升. 四川省 20 岁及以上"经常参加体育锻炼"人群体育锻炼行为调查分析[D]. 成都：成都体育学院，2017：49-50.
② 王浩. 今天你买彩票了吗？——四川省体育彩票从狂热走向理智[J]. 四川省情，2004，8（4）：20-22.
③ 杨曲. 四川省体育彩票公益金管理现状与对策研究[D]. 成都：成都体育学院，2014：9-10.
④ 七月. 四川体育：100 亿的奇迹[J]. 西部广播电视，2008，5（7）：73-75.

省全年销售额高达84.9亿元,相比2017年47.2亿元的销售额,涨幅高达179.87%,并且从2018年起连续三年销售额突破70亿元,筹集公益金超过20亿元。2019年,四川省体育彩票销售额为89.3亿元,为省内体育产业发展提供了资金支持。

四川省体育彩票业发展历程如表4-10所示,四川省体育彩票销售额及公益金筹集情况如表4-11所示。

表4-10 四川省体育彩票业发展历程

时间(年)	事件
1992	出现第一张四川省发行的四川足球彩票
1994	体育彩票正式列入国务院统一管理范围
1994	四川省承办第22届世界跳伞锦标赛,经国务院批准发行了3000万元传统体育彩票
1995	成立四川体育彩票管理中心
1999	即开型体育彩票销售额达3.5亿元,电脑型体育彩票上市
2000	四川省体育彩票中的电脑型体育彩票销售额创下高达16.2亿元的历史性成绩,居全国第二
2007	四川省体育彩票销售额累计突破100亿元
2019	四川省体育彩票销售额为89.3亿元
2021	四川省体育彩票销售额为124.2亿元

数据来源:四川省统计局官网。

表4-11 四川省体育彩票销售额及公益金筹集情况

时间(年)	体育彩票销售额(亿元)	公益金筹集(亿元)
2011	33.3	9.8
2012	38.0	10.9
2013	36.1	10.5
2014	40.2	11.9
2015	45.4	12.8
2016	47.6	13.7
2017	47.2	13.3

续表

时间（年）	体育彩票销售额（亿元）	公益金筹集（亿元）
2018	84.9	20.5
2019	89.3	22.5
2020	73.8	20.0

数据来源：四川省统计局官网。

四川省体育彩票业的发展缺乏专门的监管机构和一个长期有效的监管机制，四川省曾出现预算编制不够科学和准确，闲置高额体育彩票公益金，以及体育彩票公益金违规乱用、挤占挪用和虚假支出等现象[1][2]。虽然国家体育总局和审计署发布的《关于加强体育彩票审计监督的通知》中要求地方各级体育行政部门和体育彩票管理中心主动接受审计监督，定期将体育彩票公益金的使用结果向公众公告，接受群众监督[3]，但查阅四川省体育局、四川省审计厅、四川省财政厅、四川体彩网等官网，将"公益金 审计"作为关键词进行搜索，检索结果甚少，其中四川省审计厅公告栏有2006年、2009年的体育彩票公益金收入分配和使用情况的审计结果，以及2015年对审计署有关部门负责人就彩票资金审计结果答记者问的解读，可见其公示力度不够，同时体现了构建相关监管机构和监管机制的重要性。

4.3 重庆市体育产业发展的情况及问题

4.3.1 重庆市体育产业总体概况

重庆市体育产业起步较早，发展步伐稍缓[4]，成为直辖市以后，随着地区经济

---

[1] 王小玲. 四川386万元体彩公益金闲置 省体育局回应[EB/OL].（2010-12-21）[2023-05-20]. http://news.sina.com.cn/o/2010-12-21/151021681382.shtml.

[2] 四川省审计厅. 四川省审计厅关于2009年度四川省体育彩票公益金收入分配和使用情况的审计结果公告[EB/OL].（2010-12-16）[2023-05-20]. http://sjt.sc.gov.cn/scssjt/tzgg/2010/12/16/2cebd84825874668bcf92d8b69df7bba.shtml.

[3] 王婷. 体育彩票公益金绩效审计评价问题研究——基于四川省的案例分析[D]. 成都：西南财经大学，2016：52-54.

[4] 曹锋华，赵东平. 重庆体育产业发展的快速增长点研究[J]. 山东体育学院学报，2009，25（4）：36-38.

的快速增长，才开始步入正轨，迈入了发展的快车道。目前，重庆市体育产业正在逐步构建较为完善的体育产业体系[①]。从体育产业总体规模来看，2019年重庆市体育产业总产值达504.72亿元，较2018年增长19.04%，实现增加值为213.55亿元，占全国体育产业增加值的1.89%，也为同期重庆市GDP贡献了0.905%（图4-4）。2020年，重庆市体育产业总产值为541.33亿元，增加值为226.37亿元。从产业结构来看，体育用品制造业总产值为201亿元，增加值为51.78亿元；体育场地设施总产值为40.42亿元，增加值为9.74亿元；体育服务业总产值为299.12亿元，增加值为164.85亿元。从体育产业投资方面来看，2009—2015年，重庆市体育产业在投资额度上累计达到268.77亿元，其年均增长速度达10.6%[②]，2016年、2017年重庆市体育产业投资总额持续增长，分别达135.24亿元、160.98亿元，此外，重庆市的体育经费投入也在不断增长（图4-5）。从体育产业消费方面来看，2017年重庆市体育及相关产业消费群体平均支出已达655.3元，并且逐年增加，居民参与体育消费呈现出稳步增长态势[③]。从体育产业结构上来看，2015—2019年，重庆市体育产业中体育用品及相关产品销售、贸易代理与出租的总产值和增加值连续蝉联第一，这五年间体育服务业始终保持着良好的发展势头，其增加值占体育产业增加值的比重依旧保持在70%以上。从总体来看，重庆市体育产业已初步形成以体育用品及相关产品制造、销售、出租与贸易代理为主体，以体育彩票、体育竞赛表演、体育健身休闲、体育场地设施建设与管理等为重点的多元化发展格局，虽然其体育产业总产值仅占GDP的0.17%左右，尚低于全国1%的平均水平，体育市场体系不健全[④]，体育产业结构分布不平衡，但重庆市具有丰富的体育资源，有着广阔的发展前景，这将为重庆市体育产业的发展带来良好的社会效益和经济效益。

---

① 易长江. 重庆体育产业发展的对策与战略研究[D]. 重庆：西南大学，2007：16.
② 王樱桃，窦丹，杨慧君，等. 重庆市体育产业投资与就业结构分析[J]. 当代体育科技，2020, 10(2): 227-228.
③ 王梦轶，王樱桃，彭仁兰. 供给侧改革视角下重庆市体育产业发展分析[J]. 体育科技，2020, 41(2): 93-94.
④ 李伟. 重庆体育产业的跨越式发展[J]. 商业文化，2020, 4(26): 62-63.

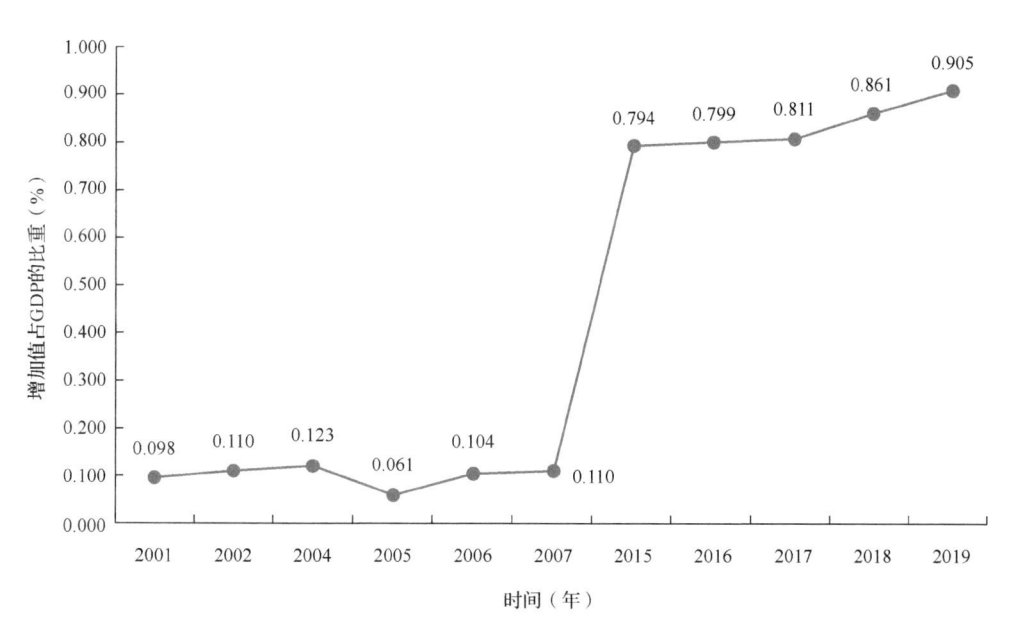

4 成渝地区双城经济圈体育产业发展情况分析

图 4-4 重庆市体育产业增加值占 GDP 的比重

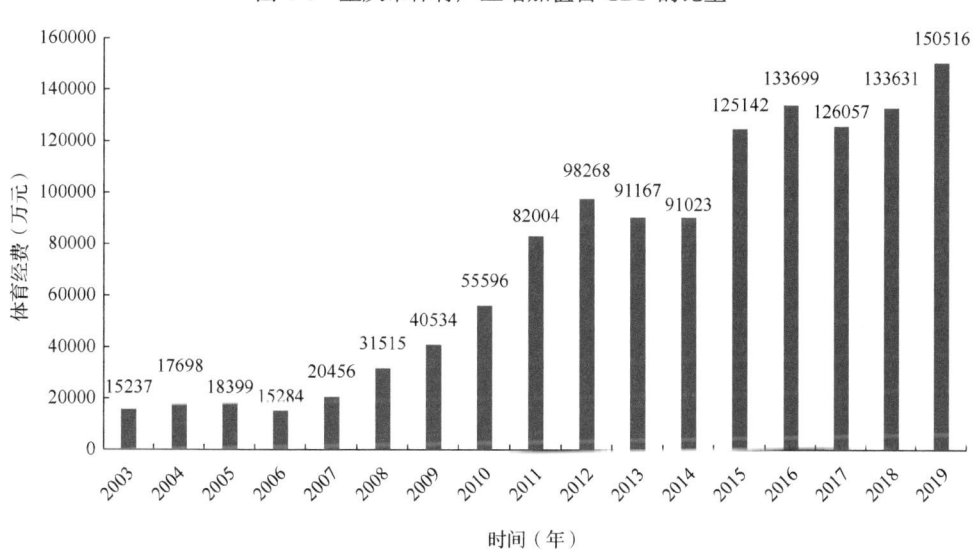

图 4-5 2003—2019 年重庆市体育经费投入

（数据来源：重庆市统计局官方网站。）

4.3.2 重庆市体育产业各行业的发展情况及主要问题

1. 体育用品及相关产品制造、销售、贸易代理与出租

重庆市的体制业相较其他行业起步较早，于20世纪80年代成立了一家体育用品生产厂，也是当时西南地区唯一的一家综合性体育用品生产厂，生产出的产品多次获得"优质产品"称号，同期还有一家制球厂成立，这两家厂是当时重庆市文教体育用品制造业的主要企业。经过二十余年发展，2002年，重庆市拥有体育用品及相关产品制造单位15家，从业人数为780人，营业收入为880.49万元[①]。2005年，重庆市体制业营业收入小幅度增长至930.29万元。2006年，重庆市体制业增加值达7284.04万元，从业人数为2087人。2007年，重庆市举办和承办了一系列国内国际大型赛事，有效地推动了市内体育产业的发展，这一年体制业的增加值大幅增长，增长速度为123.8%，达16301.72万元，居当年体育产业各行业增加值的第一位，从业人数同时增加至5278人，是前一年人数的2.53倍。之后重庆市体制业稳步发展，2010年，该行业总产值达1.9537亿元[②]。

2015年，重庆市人民政府发布《重庆市人民政府关于加快发展体育产业促进体育消费的实施意见》并明确指出要"抓住国内外体育用品业转型升级和产业转移机遇，加快引进和培育体育器材、运动装备等上中下游制造企业"。重庆市注重体制业的发展，2015年底，市内该行业总产值一跃至73.29亿元，增加值增至26.88亿元，相关单位增长至2805家，是2002年单位数的187倍，其中运动服装制造和运动鞋帽制造企业数的占比达到65.4%，该行业不断吸纳新的企业家及从业人员。2015—2019年重庆市体制业单位数量、从业人数、总产值、增加值构成如表4-12所示。

---

① 代玉梅. 重庆市体育产业现状调查统计分析[J]. 西南师范大学学报（自然科学版），2006，13（4）：176-180.
② 刘贯飞. 基于层次分析法的四川省体育产业竞争力的研究[D]. 成都：西南财经大学，2013：38-39.

表 4-12 2015—2019 年重庆市体制业单位数量、从业人数、总产值、增加值构成

时间（年）	单位数量（家）	从业人数（人）	总产值（亿元）	增加值（亿元）
2015	2805	24558	73.29	26.88
2016	3077	27141	81.90	29.01
2017	3428	27293	91.32	31.00
2018	2544	24517	102.19	35.17
2019	1953	17754	123.51	40.64

数据来源：重庆市体育局官方网站。

重庆市体销贸租业的发展在市内体育产业中一直处于领先水平。2001 年，体销贸租业营业收入为 1543.23 万元。同年 4 月底，重庆市在位于朝天门、建筑面积达 15000 平方米（目前建筑面积为 50000 平方米）的港渝广场体育用品市场举办了五天的体育用品展示会，目的在于建立体育用品批发兼顾零售的专业市场，这一展示会的举办成功推进了体育用品行业的交流与合作[1]，有力地推动了市内体销贸租业的发展，加之"中国·重庆 2002 西部体育用品博览会"的成功举办，进一步刺激和拉动了体育消费市场，带动了一批本地体育品牌企业的发展。2002 年底，该行业单位数量达 373 家，从业人数为 1193 人，营业收入总额为 6415.19 万元[2]。2005 年，体销贸租业的单位数量为 388 家，营业收入总额达 6947.19 万元[3]。2006 年，该行业从业人数为 5373 人，增加值达 8358.22 万元。2007 年，重庆市体销贸租业从业人数为 9528 人，并且增加值实现新突破，达 1.57 亿元。重庆市体销贸租业经过数十年的发展，在 2015 年该行业总产值高达 96.06 亿元，增加值为 55.47 亿元，其总产值和增加值分别以年均 10.69%、7.29%的速度增长，单位数量达 18891 家，占据全部市场主体的 67.2%，处于绝对领先地位[4]，从业人数是 2007 年总人数的近十倍，高达 91982 人[5]。据课题组调查统计，截至 2019 年底，

---

[1] 时艳霞. 令人瞩目的 2001 重庆体育用品展示会[N]. 时代工人报，2001-04-20.
[2] 梁建平，董德龙. 重庆体育产业现状及快速发展增长点研究[J]. 山东体育学院学报，2007，23（3）：32-35.
[3] 易长江. 重庆体育产业发展的对策与战略研究[D]. 重庆：西南大学，2007：18.
[4] 张燕秋，余婷，李金涛，等. 重庆市体育产业的市场结构分析[J]. 运动精品，2019，38（10）：86-87.
[5] 王樱桃，窦丹，杨慧君，等. 重庆市体育产业投资与就业结构分析[J]. 当代体育科技，2020，10（2）：227-229.

重庆市的体育用品及相关产品销售、贸易代理与出租规模依旧是最大的,其总产值、增加值分别为 151.02 亿元、75.11 亿元,在重庆市体育产业总产值和增加值中占比为 29.92%、35.17%,单位数量、从业人数分别为 18711 家、67852 人,在重庆市体育产业总单位数量和从业人数中占比为 62.40%、47.16%。2015—2019 年重庆市体销贸租业单位数量、从业人数、总产值、增加值构成如表 4-13 所示。

表 4-13　2015—2019 年重庆市体销贸租业单位数量、从业人数、总产值、增加值构成

时间（年）	单位数量（家）	从业人数（人）	总产值（亿元）	增加值（亿元）
2015	18891	91982	96.06	55.47
2016	20061	81811	107.88	60.17
2017	19867	80864	119.93	63.72
2018	19289	69244	132.49	68.71
2019	18711	67852	151.02	75.11

数据来源：重庆市体育局官方网站。

重庆市虽然企业数量较多,但在规模、层次上与东部地区差距较大,还缺乏像李宁、安踏这类的本土知名品牌,没有结合本地文化特色的品牌文化；另外,市内企业缺乏创新能力,无论是从体育用品及相关产品款式上来说,还是从制造技术上来说,企业都须加强与现代科技的结合,强化自身创新能力。体销贸租业在 2017 年后出现单位数量和从业人数持续减少的现象。重庆市体销贸租业的各企业还需要加强自家体育用品相应的营销策略,提高营销理念,丰富营销手段,进一步利用"互联网+"技术拓展体育用品消费市场。

2. 体育场地设施建设与管理

重庆市的体育场地设施前期供给严重不足。根据第四次全国体育场地普查数据显示,重庆市有体育场地 9962 个,全市完成"一场一馆一池"建设的仅有 14 个区,市内人均体育场地面积为全国人均体育场地面积的 58%,人均体育场地面积仅为 0.38 平方米,仅仅占国家规定面积的 29%[①]。2002 年底,重庆市体育设施建

---

① 邓义胜. 关于实施重庆体育产业化的思考[J]. 重庆经济, 2001, 5 (3)：28-30.

设从业机构仅有三家，营业收入仅比上一年增长了1%，共333.25万元。2003年底，市内共有41个体育场、37个体育馆、144个游泳池、144个灯光球场等[1]。2004年，重庆市"两江四岸全民健身长廊"工程开始实施，该工程计划在全市各个区县修建100万平方米左右、可同时容纳20万群众参与健身活动的公益体育设施。根据第五次全国体育场地普查数据显示，重庆市共拥有各类体育场地17351个，市内人均体育场地面积为0.51平方米，仅为当时全国人均体育场地面积的一半[2]。2008年8月，体育场地调查显示，全市共有体育系统、学校、企事业单位等各类场地23721个，人均体育场地面积为0.68平方米[3]。2009年，重庆市"健康重庆"建设体育部分资金计划投入总额为16.9亿元，主要投向为体育基础设施建设[4]，据统计，同年市内拥有各级各类体育场地23809个，建筑总面积为2822.6万平方米，体育场地总面积为2590.1万平方米，人均体育场地面积为0.8平方米。2010年，重庆市人均体育场地面积增长至0.99平方米[5]。2013年，全市共有21个市区完成"一场一馆一池"建设。截至2020年底，全市共有97种体育场地类型，共计126189个，体育场地建筑总面积达5891.44万平方米，市内人均体育场地面积达1.84平方米，市内事业单位体育场地面积共2510.63万平方米，占总面积的42.62%，而企业体育场地面积不及事业单位体育场地面积的一半，占总面积的18.6%，说明市内企业还须加强对体育场地设施建设的投资。

重庆市人均体育场地面积变化如图4-6所示，2020年重庆市体育场地机构类型分布面积占比如图4-7所示。

---

[1] 代玉梅. 重庆体育产业发展问题的研究[D]. 重庆：西南大学，2005：26-27，37.
[2] 杨远波，张锐，黄道名，等. 成渝经济区体育产业竞争力的实证研究[J]. 四川体育科学，2014，33（2）：76-80.
[3] 颜克亮. 重庆社会科学年鉴（2008年卷）[M]. 成都：四川科学技术出版社，2009：41-42.
[4] 么广会，梁建平，肖存峰，等. 新时期重庆体育事业发展研究[J]. 体育文化导刊，2013，23（10）：5-6.
[5] 刘贯飞. 基于层次分析法的四川省体育产业竞争力的研究[D]. 成都：西南财经大学，2013：28-30.

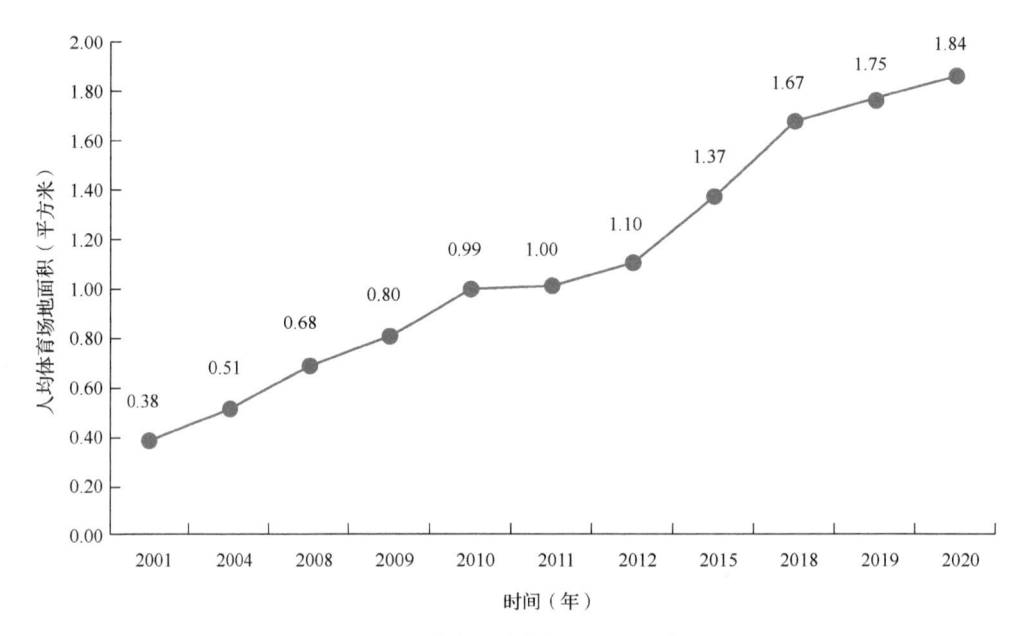

图 4-6　重庆市人均体育场地面积变化

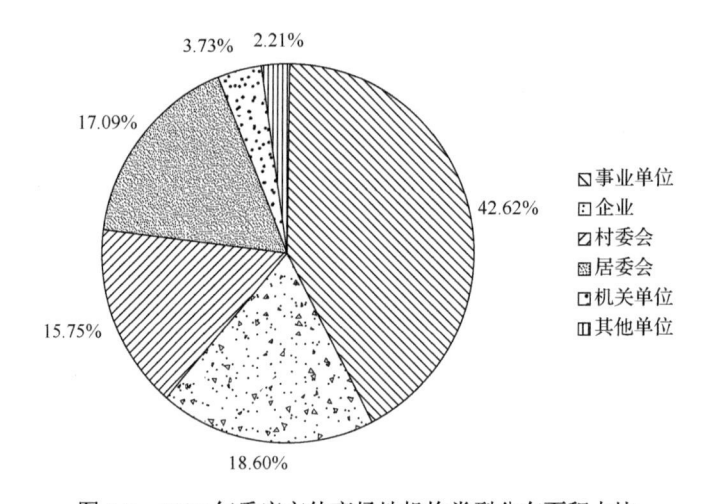

图 4-7　2020 年重庆市体育场地机构类型分布面积占比

据统计，截至 2019 年，重庆市拥有 24 个座位数为 20000 个（含）以上的体育场、35 个座位数为 3000 个（含）以上的体育馆及 11 个座位数为 1500 个（含）

以上的游泳馆/跳水馆[①]（具体如表 4-14 所示）。市内最大的体育中心占地面积高达 90 公顷，长期承接国际国内多项赛事，但也有占地面积约 12 万平方米因长期废置而变为菜地的体育场。此外，市内有的体育场地设施存在设施使用率低、维护制度不完善的情况，故须解决市内城乡体育设施配置失衡的问题。

表 4-14 重庆市大型体育场馆数量统计

场馆类型	座位数（个）	数量（个）
体育场	60000 及以上	1
	40000～59999	1
	20000～39999	21
体育馆	10000 及以上	
	6000～9999	2
	3000～5999	33
游泳馆/跳水馆	6000 及以上	
	3000～5999	
	1500～2999	11

重庆市体育场地和设施管理的发展前期主要依靠场地出租，但市内体育场馆建设业前期发展迟缓，并且市内体育场地中不对外开放的场地占比高达 67.89%[②]，再加上市场运作程度低，故该行业 2001 年的营业收入仅为 446.61 万元，2002 年的营业收入也仅增长 7.6%，共计 480.55 万元，从业人数不足百人[③]。2003 年，重庆市启动奥林匹克体育中心游泳跳水馆冠名权拍卖和体育场包厢拍卖，2004 年、2005 年重庆市奥林匹克体育中心、"三峡之星"体育馆、石柱县民族体育场、洋河体育场等体育场地建设陆续完工，结合一些场馆经营管理的措施，以及承接或承办国际国内大型赛事，为市内体育场地和设施管理行业带来了一定的经济效益，

---

① 陈林会，刘青. 成渝地区双城经济圈体育产业融合发展研究[J]. 经济体制改革，2020，20（6）：57-58.
② 赖小玉，李黎. 重庆市体育产业发展现状及对策研究[J]. 和田师范专科学校学报，2006，2（5）：161-162.
③ 代玉梅. 重庆体育产业发展问题的研究[D]. 重庆：西南大学，2005：27，38.

2006年、2007年该行业增加值分别增至818.15万元、1134.40万元[①②]。重庆市部分体育场馆的经营管理模式如表4-15所示。

表4-15 重庆市部分体育场馆的经营管理模式

场馆名称	经营管理模式
重庆市奥林匹克体育中心	事业单位优化的经营管理模式
大田湾全民健身中心	事业单位经营管理模式
涪陵体育场	事业单位管理下的优化的经营管理模式
江南体育中心	事业单位管理下的租赁承包的经营管理模式
石子山公园	事业单位管理下的体育与公园相结合的经营管理模式
渝北区体育馆	企业经营管理模式
大田堡体育场	托管型经营管理模式

为提升重庆市体育场馆的社会效益，2013年，以重庆市奥林匹克体育中心和大田湾全民健身中心为代表的市级大型体育场馆加大对外开放力度，全年共接待健身群众360万以上人次；2014年6月，重庆市奥林匹克体育中心率先在全市乃至全国开展场馆免费/低收费开放工作，推出了"和谐奥体、服务健康"免费健身公益品牌活动，分阶段、分时段免费或低收费向群众开放场馆；2015年，全市共计128个体育场馆设施免费/低收费开放，全年接待健身群众累计约1500万人次；2016年10月，重庆市体育场馆协会成立，进一步推动了市内体育场馆业的健康发展；2018年，全市共计23个体育系统大型体育场馆免费/低收费开放（详情如表4-16所示）。重庆市在提升体育场地和设施的社会效益的同时，获得了较好的经济效益，体育场地和设施管理业的总产值和增加值以年均22.04%和14.23%的速度增长[③]。这其中有的体育场馆虽然加大了对外开放力度，但场馆周边餐饮、交通、商业等各种配套设施不足，导致大型体育场馆人流量较低的问题；还有的体

---

① 徐春梅. 基于PPP视角的重庆市大型体育场馆经营管理途径研究[D]. 重庆：重庆大学，2014：28-30.
② 曾德胜. 重庆市大型体育场馆服务质量管理现状与对策研究[D]. 重庆：西南大学，2017：14-18.
③ 以2015—2019年重庆市体育场地和设施管理业的总产值和增加值数据计算所得。

育场馆内部设施维护保养不及时、管理不到位，致使设施的使用寿命缩短，设施的不定期检查会带来安全隐患。这一系列问题也影响到了场馆的服务质量。

表4-16　2018年重庆市大型体育场馆免费/低收费开放详情

场馆类型	场馆名称
体育场	重庆市奥林匹克体育中心体育场、重庆市大田湾体育场、涪陵体育场、江津区体育场、大足区体育中心体育场、长寿区体育中心体育场、北碚区缙云体育中心体育场、云阳县体育场、南川区体育场、开州区体育场、永川区体育场、垫江县体育场
体育馆	万盛文体中心体育馆、梁平区东门体育馆、巴南区体育馆、武隆区体育馆、荣昌区体育中心体育馆、酉阳县体育馆、沙坪坝区体育馆、大渡口区体育馆、綦江区体育馆、合川区体育馆、潼南区体育馆

3. 体育健身休闲活动

重庆市的体育健身休闲行业一直呈现出稳步发展的态势。2001年，重庆市体育健身休闲场所营业收入为3707.96万元[①]。2002年底，全市共有体育健身休闲单位469家，从业人员达3423人，营业总额为4427.31万元[②]。20世纪90年代初，重庆市健身房仅有两三家，但通过近十年的发展，至2005年，重庆市内开设了近30家健身房，经济比较发达的市区，如渝中区、沙坪坝区分别开设了8家和6家，经济相对欠发达的大渡口区则开设了4家，其中健身房面积在600平方米以上的大众健身房有20余家，在这之中还包含3家健身房面积在1000平方米以上的。可以说，在21世纪初重庆市大众健身房在容纳量上基本满足了广大居民的健身需求[③]。截至2020年，重庆市内在工商部门注册的经营性健身俱乐部共计有145家，其中建筑面积在1500平方米以上的有93家，建筑面积超过3000平方米的有15家，这些健身俱乐部开设了健美操等常规项目和拉丁舞、高尔夫等特色项目以满足不同人群的需求。重庆市的体育健身休闲行业虽然处于蓬勃发展阶段，但

[①] 代玉梅. 重庆体育产业发展问题的研究[D]. 重庆：西南大学，2005：25-26.
[②] 刘显忠. 重庆体育产业发展现状及对策思考[J]. 决策导刊，2011，16（11）：24-26.
[③] 向巍，邓丹. 重庆市大众体育健身房现状调查与对策[J]. 重庆交通学院学报（社会科学版），2005，5（3）：69-72.

存在发展不均衡的问题，其中70%的健身房集中在主城区，经济欠发达的二级区县发展相对缓慢。此外，近65%的健身房属于私人投资，在融资、税收等方面缺少政府的扶持或扶持力度不大，导致健身房面临不小的困难[①]。

从重庆市全民健身活动进展来说，重庆市人民政府在全民健身方面投入的资金不断增加。2008年，重庆市人民政府在全民健身方面投入了2.6亿元。2009年，"健康重庆"建设全民健身资金投入比前一年投入增长了2.4倍，总额达8.9亿元。截至2009年，重庆市共建成全民健身工程9233个，主要包括农民体育健身工程3500个、健身站点2701个[②]。2012年，重庆市举行1000人以上的市级大型示范性健身活动不少于10次，举行500人以上的区县（自治县）级大型示范性健身活动不少于6次[③]。2013年，全市新建500个农村体育健身工程设施，增加体育场地面积30万平方米，全民健身路径累计1148个，健身广场50多个，全年举办的全民健身活动超过2000次[④]。

就群众体育而言，从2008年到2012年，重庆市"健康重庆"建设群众体育资金投入总计17.75亿元，全市经常性参加体育锻炼的人口达到总人口的40%以上[⑤]。在居民开展体育健身休闲活动的体育队伍培养方面，2005年新培训社会体育指导员402人，全市社会体育指导员共计5072人，2009年市内各级社会体育指导员约是2005年总人数的2.87倍，达14536人，其中国家级和一级社会体育指导员分别有51人、2144人[⑥]。2013年，重庆市社会体育指导员协会成立，社会体育指导员累计达到36296人，并且每年都会开展社会体育指导员培训班。2018年，新培训国家一级社会体育指导员达928人，社会体育指导员队伍的壮大进一步推动了市内体育健身休闲行业的健康发展。另外，2015年，《重庆市人民政府

---

① 刘洪波. 重庆市健身服务行业人才需求状况调查分析与展望[J]. 进展：科学视界，2020，25（9）：10-13.
② 么广会，梁建平，肖存峰，等. 新时期重庆体育事业发展研究[J]. 体育文化导刊，2013，23（10）：4-5.
③ 重庆市人民政府. 重庆市人民政府关于印发健康重庆体育行动计划（2008—2012年）的通知[J]. 重庆市人民政府公报，2009，1（8）：24-27.
④ 韩小兰，刘国纯，张茜."一圈两翼"背景下重庆市小康体育发展模式的构建研究[J]. 西南师范大学学报（自然科学版），2015，40（2）：141-144.
⑤ 蹇晓彬，宋成刚. 重庆体育产业发展现状及对策研究[J]. 商场现代化，2007，21（11）：239-240.
⑥ 么广会，梁建平，肖存峰，等. 新时期重庆体育事业发展研究[J]. 体育文化导刊，2013，23（10）：5-6.

关于加快发展体育产业促进体育消费的实施意见》正式公布，该意见要求市内加快发展健身休闲业；2017年，《重庆市人民政府办公厅关于加快发展健身休闲产业的实施意见》中明确提出要加强健身休闲设施建设，进一步推进市内体育健身休闲活动的发展，文件发布后，市内加快体育健身休闲行业的发展，该行业增加值以年均增长20%以上的速度增加，其中2017年增加值的增长速度高达33.33%，该行业总产值则呈线性增长。不过，重庆市群众体育场地仍存在设施配置不合理、管理不善、管理制度不健全等问题，影响了群众体育活动的正常开展；此外，市内的体育健身休闲行业存在消费水平极不平衡及居民消费观念滞后的问题[①]，高消费人群会选择在健身房进行运动，低消费人群则偏爱跑步，大多数居民相较于体育健身这种参与型消费更注重实物型消费，消费水平呈现出两极分化状态。

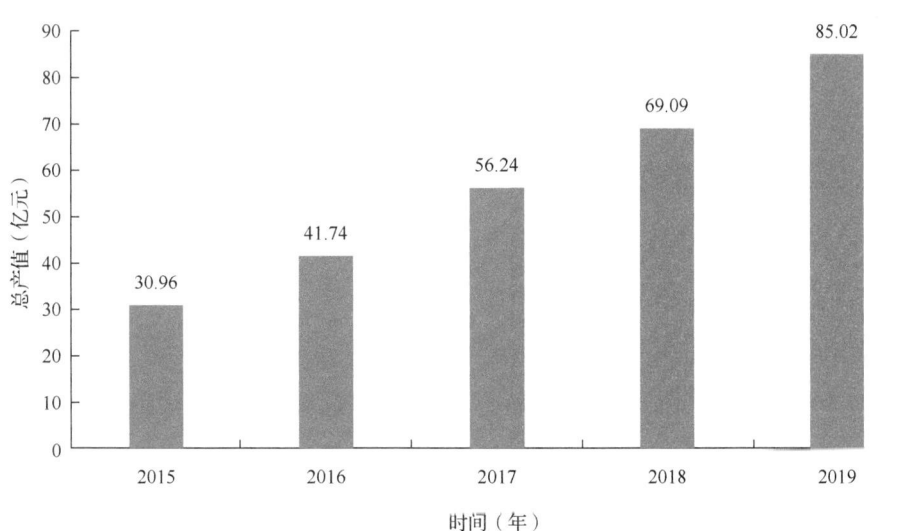

2015—2019年重庆市体育健身休闲行业总产值变化如图4-8所示。

图4-8 2015—2019年重庆市体育健身休闲行业总产值变化

4. 体育彩票服务

体育彩票业一直是重庆市体育产业的龙头产业，早期占据着重庆市体育产业

---

① 贺波. 基于SWOT视角对重庆市体育健身产业的研究[J]. 休闲, 2019, 6（1）: 37.

的一半[①]。虽然重庆市体育彩票管理中心是全国最晚成立的，但发展相当迅速，仅仅用三年多的时间使年销售额由不到100万元提升到3000万元；2000年9月，重庆市发行电脑型体育彩票，近千台电脑体彩销售网点覆盖市内大部分区县，年销售额达5447万元；2001年10月，重庆市成为足球彩票发行试点省市之一，当年体育彩票销售额年增长率高达129.02%，并且销售额突破亿元大关，达1.25亿元[②]；2002年，重庆市体育彩票管理中心成立了六个片区分中心，在当年的体育产业经营结构中，体育彩票从业机构达854家，占全市体育产业机构数的45.6%，实现体育营业收入1.84亿元，占全市体育营业收入的49.1%[③]。据课题组调查统计，2005年，重庆市内480个体育彩票销售网点开通了全热线销售系统，全年体育彩票销售额创历史新高，达2.3亿元，累计提取体育彩票公益金3.4亿元；2006年，重庆市增加和更新了体育彩票销售终端设备并正式开通了彩银系统，同时加强宣传力度，使全年体育彩票销售达2.57亿元；2007年，重庆市体育彩票销售额同比增长43.19%，达3.68亿元，并且持续增长；2010年，重庆市体育彩票销售额实现新跨越，超额完成国家体育总局体育彩票管理中心下达的年度目标任务，突破10亿关卡，销售额达10.14亿元；2011年，重庆市体育彩票销售网点共计2531个，销售额为14.6亿元；2014年，重庆市体育彩票销售额突破20亿元，累计销售总额突破100亿元。2014—2020年，体育彩票销售额大幅度增长，相继突破30、40、50、70亿元，截至2020年底，重庆市设立体育彩票销售网点近3000个，涵盖乐透型、竞猜型、即开型三大类玩法，形成了种类齐全、大中小盘齐备的产品结构体系，全年体育彩票销售额为718468万元，共筹集彩票公益金197744万元。

重庆市体育彩票业发展历程如表4-17所示。

[①] 代玉梅. 重庆市体育产业现状调查统计分析[J]. 西南师范大学学报（自然科学版），2006，13（4）：176-180.
[②] 刘斌. 重庆市体育彩票业发展问题与对策研究[D]. 重庆：西南大学，2008：20-21.
[③] 赖小玉，李黎. 重庆市体育产业发展现状及对策研究[J]. 和田师范专科学校学报，2006，2（5）：161-162.

表 4-17　重庆市体育彩票业发展历程

时间（年）	事件
1997	重庆市体育彩票管理中心正式挂牌成立
2000	在三年多的时间里共计发行即开型体育彩票 8500 多万元；重庆市是全国第 18 个发行电脑型体育彩票的省市，近千台电脑体彩销售网点覆盖市内大部分区县
2001	成为全国 12 个足球彩票发行试点省市之一；体育彩票销售额破亿元
2002	全市体育彩票从业机构达 854 家
2004	体育彩票玩法种类增加至七种，体育彩票市场环境严峻，销售额首次出现负增长
2005	成为全国第五个销售终端全热线系统升级成功的省市；体育彩票销售额破 2 亿元，创新高
2006	正式开通了彩银系统
2010	体育彩票销售额实现新跨越，突破 10 亿元关卡
2014	体育彩票累计销售总额突破 100 亿元

1997—2020 年，重庆市体育彩票业实现跨越式发展，具体销售额如图 4-9 所示。所筹集的体育彩票公益金被广泛用于全民健身计划、社会各项公益事业及青少年校外场所建设等项目，建设的体育彩票健身广场、公园、健身中心的面积从几千平方米到几万平方米不等，全民健身路径遍布城乡，健身设施就在身边。2020 年，全市共计有全民健身路径 22202 条，健身步道 2529 条，各个区县体育设施得到改善，丰富的群众体育活动蓬勃开展，居民的健身条件、健康水平及生活质量状况不断提升。由重庆市体育彩票公益金出资 12488 万元用于老年人、残疾人、儿童、有特殊困难等特殊群体的福利设施建设、公益服务项目等 44 个社会公益项目；出资 21000 万元用于训练场馆建设维修、设备购置、大型体育场馆运行及免费/低收费开放市级补助、社会体育指导员及专技人员培训等 28 个项目；出资 12286 万元用于青少年校外活动场所阵地建设、乡村学校少年宫建设与管理、特色公益活动及项目、脱贫攻坚、养老服务、职业教育等其他社会公益项目。体育彩票业的发展从资金上有力地支持了体育及社会公益事业的发展，树立了中国体育彩票的良好形象，充分体现了体育彩票"取之于民、用之于民"的基本功能和发行宗旨[①]。

---

① 林妮. 重庆市体育彩票发展状况调查与分析[D]. 重庆：重庆大学，2009：8-9.

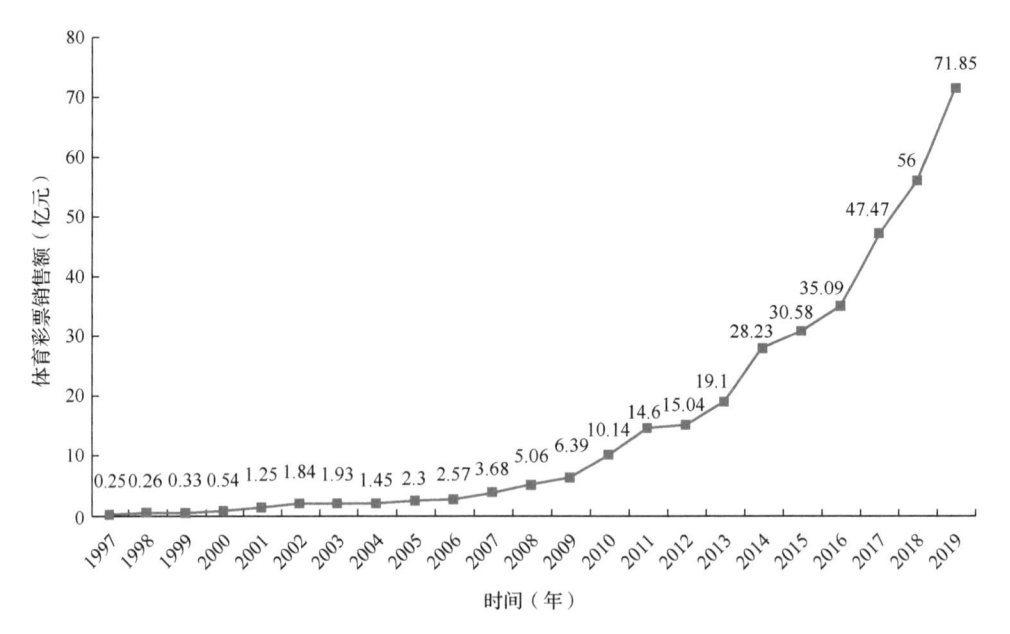

图 4-9　1997—2020 年重庆市体育彩票销售额变化

（数据来源：重庆市体育局官方网站。）

目前，重庆市体育彩票业的发展缺乏正确的舆论导向[1]。根据调查显示，全市对体育彩票的宣传缺乏针对性的广告策略，很多区县仅仅是在销售网点前挂横幅展示中奖人及奖金以引人关注，有的体育彩票销售网点甚至连一张宣传海报都没有，还有的区县存在为获得经济效益，过分夸大奖金数量及中奖概率的情况。此外，大众媒体在体育彩票宣传方面，没有从正面角度宣传体育彩票，关注和报道的内容多是中奖人一夜之间成为富翁的事，缺乏对居民购买体育彩票行为的客观分析，以及缺乏体育彩票对体育和其他公益事业贡献的报道。

体育彩票发行是一项具有很强政策性和经济效益性的工作，需要相应的法规措施对体育彩票的印制、发行、运输、销售、结算等各个环节进行严格的规范，而重庆市体育彩票业存在法规措施不完善、销售环节不规范、经营管理机构不健全、从业人员水平参差不齐的问题。据调查，重庆市体育彩票从业人员文化水平

---

[1] 肖存峰. 重庆市体育彩票市场现状与对策研究[J]. 西南师范大学学报（自然科学版），2007，32（3）：192-196.

在本科及以上的占该产业从业人员总数的比例不足 10%，因此，体育彩票经营管理机构的临时性，以及从事体育彩票管理工作的人员没有主动销售的意识，严重制约了重庆市体育彩票业的发展。

4.4　本章小结

　　本章从成渝地区双城经济圈体育产业发展情况分析入手，对成渝地区双城经济圈体育产业一体化发展的现实基础进行探讨，进而阐述当前体育产业的特征及问题，形成了对成渝地区双城经济圈体育产业发展情况的全面考查。

　　首先对成渝地区双城经济圈体育产业一体化发展的现实基础进行论述。①经济环境。经济基础决定体育产业的发展进程，推动成渝地区双城经济圈体育产业一体化发展，是成渝地区双城经济圈社会经济发展的客观需要。成渝地区双城经济圈是西部地区产业、人口等较为集中的地区，在我国西部具有很高的战略地位，成渝地区双城经济圈的建立推动了城市间的人口资源流动，劳动力要素主导着产业和资本的流动方向，经济圈内较高的经济发展水平具备发展体育产业的较好优势，为体育产业的一体化提供了良好的经济环境。②自然环境。成渝地区双城经济圈体育产业的一体化发展不仅有着坚实的经济基础，还具备了地理位置和地缘关系上的优势，成渝两地经济和文化的互流互通发挥着决定性作用，成渝地区近年的"交通革命"极大地促进了两地的同城化，推进了成渝地区双城经济圈的一体化，也为体育产业能够一体化发展提供了基础设施条件。③社会环境。当前成渝地区双城经济圈内无论是体育人口的规模还是体育消费能力都达到了历史最高点。体育人口是一切体育产业活动最为基础的载体，成都市和重庆市这两座中心城市庞大的体育群体为成渝地区双城经济圈体育产业的一体化发展提供了数量基础，经济水平的提高，以及成渝地区生活消费的理念和庞大的人口基数，为体育产业的发展提供了可靠的消费能力。

其次对四川省和重庆市体育产业总体概况进行描述，并从体育用品及相关产品制造、销售、贸易处理与出租，体育场地设施建设与管理，体育健身休闲活动，体育彩票服务四个方面分析四川省和重庆市体育产业各行业的发展情况及主要问题。四川省体育产业经过20多年的发展，带动了区域内体育用品业的体育用品及相关产品的销售、贸易代理与出租，体制业的发展，体育建筑的完善，等等，虽然还没有较大规模的发展，但已经有了很好的基础，其整体的发展潜力较大；重庆市体育产业正在逐步构建较为完善的体育产业体系，虽然其体育产业总产值在GDP中的占比低于全国的平均水平，但重庆市具有丰富的体育资源，有着广阔的发展前景。

5 成渝地区双城经济圈体育产业一体化发展动力与效应

本章主要分析成渝地区双城经济圈体育产业一体化发展动力与效应。成渝地区双城经济圈体育产业一体化的动力机制主要包括地方发展目标、区域发展战略、全球化背景下经济发展竞争力构成的外部动力与成渝地区双城经济圈的经济、科研、区域文化构成的内部动力。成渝地区双城经济圈体育产业一体化的发展效应主要体现在能够促进体育产业资源整合、避免出现同构竞争与提高体育产业整体实力三个方面。

5.1 成渝地区双城经济圈体育产业一体化的动力机制

5.1.1 成渝地区双城经济圈体育产业一体化的外部动力

1. 成渝两地政府部门自利性的利润动力

依据公共选择理论，政府部门及官员并不能以完全利他为目的做出公共决策，其自利性受个人利益索取、团队和阶级意志倾向三个方面的约束。成渝地区双城经济圈的打造正是重庆市和四川省两地政府通过将国际市场转换为区域市场来减弱国际市场所带来的风险，以获得潜在利润的过程，也将推动成渝地区体育市场的高度融合。自提出建设成渝地区双城经济圈以来，成都市与重庆市在体育方面合作的互动性凸显，《推动成渝地区体育公共服务融合发展框架协议》《成渝地区棋牌项目融合发展的战略合作协议》《双城联动共推体育融合发展合作协议》等战略性合作协议应声落地。由此可见，两地政府对于消除市场割裂及市场贸易壁垒而促进体育资源共享、生产要素自由流动所带来的现实收益期待已久，必然促成两地政府共同参与实施成渝双城体育产业一体化战略的行为动机。

2. 中央政府的区域发展战略需求导向

国家赋能是推动区域经济发展的主导力量，长三角一体化的成功案例表明，来自党中央部门的决策是战略部署有效落实并加快实施的关键因素。2014年，国务院出台的《国务院关于加快发展体育产业促进体育消费的若干意见》（国发〔2014〕46号），为国内各地区体育产业的快速发展奠定了政策基础，提供了良好的社会环境。2019年，中共中央、国务院印发《长江三角洲区域一体化发展规划纲要》，自此区域一体化成为国家的重要发展战略，演变为现代化经济体系的显著特点，同时成为长三角体育产业一体化发展的推动力。成渝地区双城经济圈的体育产业一体化正是以国家政策为动力，以成渝地区独特的地理空间为优势，其战略地位无法被西部其他地区所取代。中央层面的经济圈的体育产业一体化具有较强的引领作用，成渝地区体育产业的一体化发展尚处于起步阶段且远落后于长三角等区域。因此，将成渝地区体育产业融入成渝地区双城经济圈中，使成渝地区所具有的国家赋能的政策动力被高效导入成渝地区双城经济圈体育产业一体化的进程中，有效促进成渝地区双城经济圈的体育产业一体化高质量推进。

3. 全球化背景下的外在竞争动力

世界大城市群是进入21世纪后伴随着经济全球化和经济分工的出现而产生的，当前众多城市群网络节点城市以自身的独特性优势为依托在世界城市竞争的潮流中争取流量。例如，巴黎、东京、纽约等多数世界城市已引领周边地理位置相邻的城市协同打造区域一体化的"世界城市群"。因此，重庆市与成都市两座大都市在发展成为世界级城市的进程中面临着国内外环境的不确定性，这也将成为成渝地区共同参与成渝地区双城经济圈建设的刺激因素，而这种来自外部刺激的动力同样会传导到成渝地区双城经济圈内，促进体育产业一体化发展。成都市在打造"世界赛事名城"的过程中,引入具有市场化、国际化的品牌赛事,这是提升成都市国际化水平的关键。从区域经济发展角度来看,成都市世界赛事的举办若能有效融入成渝地区双城经济圈,最终实现成都市和重庆市双核心的区域体育产业一体化发展,则将在一定程度上避免赛事举办所带来的复杂性。

5.1.2 成渝地区双城经济圈体育产业一体化的内部动力

1. 良好的经济环境

当前成渝地区双城经济圈的建设已逐步迈向高质量发展的阶段,中心城市成都市和重庆市分别拥有被称为"世界一流高科技园区"的成都高新区、被称为"科学之城、创新高地"的重庆高新区,除此之外还包括两个大型高新区周围的绵阳高新区、德阳高新区、泸州高新区、乐山高新区、永川高新区等七个小型高新区。成都市和重庆市无论是在工业生产总值还是在各个高新技术企业的数量上都占据了整个西部地区的 1/3 以上,高新区的出口总额所占比例更是接近了 1/5,成为成渝地区双城经济圈高质量发展的动力源泉,更是为体育产业的一体化发展提供了优质的经济环境。根据科学技术部火炬高技术产业开发中心所统计的《2018 年全国高新技术企业主要经济指标》、四川省 2019 年的科技统计年鉴,可知 2018 年四川省高新技术企业的数量为 4250 家,企业的总产值为 6179.8 亿元,新产品的开发费用为 183.55 亿元。根据重庆市、成都市 2019 年的科技统计年鉴,可知 2018 年成都市和重庆市分别拥有高新技术企业 3053 家、2430 家,高新技术企业的总产值分别为 2871.7 亿元、7417.9 亿元,技术引进的经费投入分别为 1.41 亿元、1.6 亿元。综上所述,高新技术企业和高新技术的发展极大地促进了经济圈内体育生产要素的流动,营造了较为完善的体育产业创新生态。

2. 强大的科研力量

成渝地区双城经济圈内的科研力量主要来源于科学城和高等院校。成都市和重庆市已经合力打造"一城多园"的科学城,成都市科学城包括四大发展区,分别是专长于数字经济和人工智能领域的新经济活力区、主要发展生物医药和生物科学产业的天府国际生物城、以智能制造和航天设备为主要研究领域的高新东区、电子信息技术产业发展迅速的高新西区。重庆市科学城形成了生产、生活、生态三位空间布局，生产空间包括一核（以新一代信息技术为主体产业的重庆高新区直管园）、四片（以教育、科研为主的璧山、九龙坡、沙坪坝、北碚）、多点（以创新创业园和高新技术产业园为重要支撑，构建产学研高度有效融合的技术体系）；生活空间包括一组（以金凤为主导）、四副（青杠、团结村、北碚、陶家双福四个副级中心为公众提供服务）、多组（以圣泉、青凤等为节点）；生态空间包括一心（围绕寨山坪打造的城市公园作为"城市绿心"）、一轴（沿城中山体、湿地群和公园群打造的绿色长廊）、两屏（被称作"城市绿肺"的缙云山和中梁山生态翠屏）。

3. 独特的区域文化

成渝地区双城经济圈内同属的文化是体育产业一体化发展的内部动力之一。成渝两地基于地理位置的临近及交通的便利逐步形成了同源异流的巴蜀文化，在史料的记载中巴蜀文化出现于夏商周时期，在长期的历史发展中呈现出了整体上趋同但同中有异的特点，这些特点在成渝两地的非物质文化遗产中有着充分的体现。区域内跨地点的非物质文化遗产项目不受行政规划的限制，分布极为广泛，川剧等项目出现了沿河分布的现状，这不仅体现出了成渝地区双城经济圈内文化艺术的呈现方式及演变特征，还反映出了成渝两地有着共有的深渊文化、社会背景；成渝两地的跨区域文化已经呈现出了多维度的价值，这是两地人民长期生产生活的产物，将推动两地经济、文化等的一体化。成渝两地的文化源头差异较大，但是在传播中文化内涵不断丰富，形成了新时代的巴蜀文化。两地的居民长期交流互鉴，增强了成渝地区人们的文化认同感，两地的群众有了共同的身份符号，从而也增强了区域认同感。在成渝地区双城经济圈的战略背景下，区域内的文化特质可以充分发挥社会作用，增强成渝两地在经济合作中的信任感，同样会成为成渝地区双城经济圈内体育产业一体化发展的重要推动力之一。

5.2 成渝地区双城经济圈体育产业一体化的发展效应

5.2.1 促进成渝地区双城经济圈体育产业的资源整合

经济的发展需要资金、人才等各种生产要素的共同作用，体育产业亦是如此。成渝地区双城经济圈在体育资源的分布上极不均衡，通过区域内体育产业的一体化发展，可以实现成都市与重庆市两大中心城市体育资源的共享和互通。当前，在成渝地区双城经济圈上升为国家区域重大发展战略的大背景下，经济圈内一体化进程加快，各产业之间的融合度持续提升，"一省一市"之间的产业合作意识显著提升。基于此条件，成渝地区双城经济圈体育产业的一体化发展将有利于体育产业资源的整合和高效利用，加快经济圈内体育生产要素的跨区域合理流动，助推体育产业的融合发展。现阶段，成渝地区双城经济圈体育产业一体化的动力机制是经济圈内体育产业资源跨行政区流动最重要的有利条件之一，川渝地区政府和国家区域重大发展战略的精准聚焦相互作用，成为经济圈内体育资源自由流动背后强大的支撑力，川渝地区拥有西部最强大的智能化产业，深厚的历史渊源使川渝地区形成了极为便捷的圈层交通体系，一体化发展将进一步优化交通网，成为体育资源跨区域流动的"高级中枢"。此外，成渝两地独特的区位优势是体育产业资源跨区域流动的决定因素，一体化发展将逐步弱化两地的行政区划障碍，成渝两地本就文化同源，在长期的历史发展进程中成渝两地居民享有同质文化，成渝地区双城经济圈体育产业的一体化发展进一步升华成渝两地人民的文化认同，消除了体育产业资源跨区域流动过程中的众多影响因素。

5.2.2 避免成渝地区双城经济圈体育产业的同构竞争

在长期的区域经济发展过程中，川渝地区的行政区划障碍正逐步变得根深蒂固，区域内产业结构日益同化，俨然已经成为成渝地区双城经济圈各产业领域融合发展进程中最大的限制性因素，在经济圈体育产业互通互融的道路上亦是如此。推进成渝地区双城经济圈体育产业的一体化发展最初期的抓手首先是两地政府部门的合理引导，其次是区域内体育市场的自由化，成渝地区双城经济圈建设相比国内其他区域发展战略有其独特的限制性因素，政府部门之间有效的合作机制是经济圈内体育产业能够协作发展的重要保障。体育产业发展的多元化功能决定了其拥有相较其他经济领域在推动政府协同方面的优势作用。从长三角、京津冀、粤港澳等区域体育产业一体化发展的进程来看，首先就是政府充分发挥"自上而下"的带动作用，以"一省一直辖市"为主，并以各市地方政府辅之，实现区域内各行政部门之间的互联互通，这将直接破除区域内体育产业发展的行政壁垒。成渝地区双城经济圈内各地区体育产业发展优势进一步明晰，产业发展方向得到精准定位，体育企业之间进行交流合作并错位发展，避免区域内体育产业的同构现象。

5.2.3 提高成渝地区双城经济圈体育产业的整体实力

体育产业作为区域内经济的重要增长点，借助成渝地区双城经济圈国家区域重大发展战略的实施契机进行一体化发展，这对经济圈内体育产业与经济的高质量发展具有重要的现实意义。首先，体育产业的一体化有助于优化经济圈内体育产业结构，现阶段成渝地区双城经济圈内体育产业区域发展差异较大，存在发展极度不平衡的现象，这与一体化所标榜的无差异、同一层次等相悖，但也意味着更大的发展空间。体育产业的一体化发展一方面可以实现体育资源流动加速，另一方面有利于逐步打破"两超多元"的极端布局。其次，体育产业的一体化可以推动成渝地区双城经济圈内经济的高质量发展进程。"1+1>2"是一体化发展最显著的效果，一体化能够使川渝地区体育产业高效合作，从而实现体育产业的互助互补，延伸体育产业的产业链，催生出更多的体育产业业态。

5.3 本章小结

本章从系统、整体的视角分析成渝地区双城经济圈体育产业一体化发展动力与效应。

就动力机制而言，分为外部动力和内部动力。外部动力包括三个方面的内容。①成渝两地政府部门自利性的利润动力。自提出建设成渝地区双城经济圈以来，成都市和重庆市在体育方面合作的互动性凸显，一系列合作协议的签订，对于两地政府促进体育资源和体育市场共享、共同参与实施成渝双城体育产业一体化战略有着重要意义。②中央政府的区域发展战略需求导向。国家赋能是推动区域经济发展的主导力量，成渝地区双城经济圈的体育产业一体化正是以国家政策为动力，以成渝地区独特的地理空间为优势，其战略地位无法被西部其他地区所取代。③全球化背景下的外在竞争动力。重庆市与成都市两座大都市在发展成为世界级城市的进程中面临着国内外环境的不确定性，这也将成为成渝两地共同参与成渝地区双城经济圈建设的刺激因素，而这种来自外部刺激的动力同样会传导到成渝地区双城经济圈内，促进体育产业一体化发展。内部动力也包括三个方面的内容。①良好的经济环境。成渝地区双城经济圈内的中心城市成都市和重庆市无论是在工业生产总值还是在各个高新技术企业的数量上都占据了整个西部地区的 1/3 以上，高新技术企业和高新技术的发展极大地促进了经济圈内体育生产要素的流动，营造了较为完善的体育产业创新生态。②强大的科研力量。成渝地区双城经济圈内的科研力量主要来源于科学城和高等院校，这为经济圈打造体育产业一体化提供了坚实的科技支撑。③独特的区域文化。成渝两地基于地理位置的临近及交通的便利逐步形成了同源异流的巴蜀文化，在成渝地区双城经济圈的战略背景下，区域内的文化特质可以充分发挥社会作用，增强成渝两地在经济合作中的信任感，同样会成为成渝地区双城经济圈内体育产业一体化发展的重要推动力之一。

就发展效应而言，主要体现在以下三个方面。①促进成渝地区双城经济圈体育产业的资源整合。成渝地区双城经济圈体育产业的一体化发展将有利于体育产业资源的整合和高效利用，加快经济圈内体育生产要素的跨区域合理流动，助推体育产业的融合发展。②避免成渝地区双城经济圈体育产业的同构竞争。推进成渝地区双城经济圈体育产业的一体化发展，可以使经济圈内各地区体育产业发展优势进一步明晰，产业发展方向得到精准定位，体育企业之间进行交流合作并错位发展，避免区域内体育产业的同构现象。③提高成渝地区双城经济圈体育产业的整体实力。体育产业作为区域内经济的重要增长点，借助成渝地区双城经济圈国家区域重大发展战略的实施契机进行一体化发展，这将有助于优化经济圈内体育产业结构和推动高质量发展进程。

6 国内其他区域体育产业一体化发展的实践与启示

本章主要阐述国内其他区域体育产业一体化发展的实践与启示。长三角区域、京津冀区域与珠三角区域的体育产业一体化实践表明，通过生产要素整合、资源互通，体育产业发展走向一体化能对区域经济社会快速发展起到良好的促进作用。通过分析长三角区域、京津冀区域、珠三角区域体育产业发展情况，借鉴其体育产业一体化发展思路，寻求成渝地区双城经济圈体育产业一体化发展路径，丰富成渝地区双城经济圈体育产业一体化的发展模式。

6.1 国内其他区域体育产业一体化发展的实践

6.1.1 长三角区域体育产业一体化发展

长三角区域无论是对外开放程度还是经济发展程度都处于国内较高水平，其体育产业的一体化发展领先于其他区域。根据统计数据显示，2018年长三角区域体育产业总产值达8620亿元，较上年增长16.2%，约占当年全国体育产业总产值的1/3；实现增加值2948亿元，较2014年增加值翻一番[①]。长三角区域体育产业对培育区域经济增长新动能的贡献日渐突出，业已成为我国体育产业重要的增长极。

长三角区域体育产业的一体化发展大致经历了三个历史阶段。一是初步探索

---

① 曹玲娟. 推进体育一体化 2018年长三角体育产业规模约占全国三成[EB/OL].（2020-01-3）[2023-05-20]. http://sh.people.com.cn/n2/2020/0103/c134768-33688015.html.

阶段。2012 年，江苏省、浙江省、上海市的体育政府部门紧抓长三角区域经济一体化的契机，在国家相关政策文件的促使下就区域内体育产业的合作展开了商讨，2012 年底进行的长三角体育产业协作会议成为体育产业一体化开始的标志性事件。2013 年，上海体育学院被吸纳加入，于是在此前两省一市的基础上再次加入一院形成了四方位的合作，并就体育产业的一体化发展初步达成了原则、思路等一系列的共识。二是持续发展阶段。安徽省的加入促使长三角区域体育产业形成完整且稳定的"三省（安徽省、浙江省、江苏省）一市（上海市）、一院（上海体育学院）"的合作框架，2013 年签订了共同的关于体育产业各方面的协作发展协议，2015 年商讨并确认了一致的区域体育产业合作机制，2016 年重点偏向长三角体育旅游产业的合作，并以纲要的形式确定实施计划，2017 年成立长三角体育产业联盟，这是国内的第一个区域体育产业联盟，意味着开始体育产业一体化的行为主体将向体育企业转移。三是国家战略加持阶段。这一阶段开始的标志是体育产业协作被纳入长三角区域一体化发展合作框架，三省一市一院签订《长三角地区体育产业协作协议（2018—2020 年）》，并且以会议的形式落实了体育产业一体化发展计划中的多个具体项目，如长三角体育产业联盟建设、长三角体育产业资源平台建设、长三角体育产业统计一体化等。2019 年，在中共中央、国务院印发的《长江三角洲区域一体化发展规划纲要》中，体育产业规划成为纲要的核心内容之一，这标志着长三角区域体育产业的一体化发展战略发生了高度的改变，实现了从地方政府的探索向国家意志层面的转变。此阶段有了国家战略层面的支持，对于长三角区域体育产业的一体化发展有了更高的诉求。综上可知，长三角区域体育产业的一体化发展经历了较长的发展阶段，从合作框架不断完善，先到一体化发展持续纵向深入，再到上升为国家战略，最后实现行为主体的有效转变。

6.1.2　京津冀区域体育产业一体化发展

京津冀区域包括北京市和天津市，以及张家口市、邢台市等 12 个地级市，其发展经历了萌芽阶段（1978—1992 年）、初步发展阶段（1993—2003 年）、深入发展阶段（2003—2006年）、加速发展阶段（2007—2013年）、高质量发展阶段（2014年至今）。在萌芽阶段主要受1978年改革开放的影响，借助地理位置上的优势顺势开展初步的合作，于1982年分别成立了环京经济技术协作区、华北地区经济技术协作区。这一阶段的合作以农业和工业领域为主，大多数是私人中小企业的跨地区合作。在农业合作方面，虽然产业单一，但举步维艰，整体上对农业的发展起到了推动作用；在工业合作方面，主要体现在产业的转移上。在初步发展阶段主要表现为合作层级的上升，各地区高层领导开始参与，合作领域更加广泛，合作规模逐步扩大，其中最为重要的是高新技术产业的协作对于整个河北省产业结构的调整发挥了至关重要的作用，为河北省产业的重组与升级奠定了坚实的基础。在深入发展阶段主要体现为战略定位的升级，外有中央领导，内有地区自发，内外相结合催生出更多业态的协调，2004年形成并锁定"京津冀经济一体化"的发展道路。在加速发展阶段主要表现为国家政策层面的推动，"十一五"规划中提出的"健全区域协调互动机制"将京津冀带入一个全新的发展阶段，2011年召开了以"首都经济圈，发展新商机"为主题的高端会议，"十二五"规划更是做出了将京津冀一体化的国家战略推向世界的决定，京津冀区域产业一体化进程中体育产业的合作也是在这一发展阶段诞生的，2010年京津冀体育产业发展战略高层论坛中众多合作意向的达成标志着京津冀区域体育产业迎来了全新的时代。在高质量发展阶段初期，2013年习近平总书记分别提出了"津冀双城记"和"京津冀协同发展"，2014年签署了《京津冀协同创新发展战略研究和基础研究合作框架协议》。京津冀区域体育产业一体化从初步发展阶段到加速发展阶段都离不开国家政策层面的推动，显然，政治资源是京津冀区域实现体育产业一体化发展最独特的优势。

6.1.3 珠三角区域体育产业一体化发展

珠三角区域主要包括深圳市、广州市等九个城市，区位和政策是珠三角区域体育产业快速发展的独特优势，经济是珠三角区域体育产业一体化的强大后备保障，经过30多年的发展，珠三角区域在大型公共体育场馆和公益性体育场馆建设方面成效显著,竞赛表演业形成了"政管协办商发"的固定模式。2019年,广东省的体育产业总产值占全国体育产业总产值的1/5。在体育产业的统计数据中,无论是体育产业的增加值还是总产值,都位居国内首位。珠三角区域发展战略是广东省体育产业高速发展的重要支撑力量。现阶段,职业联赛是珠三角区域体育产业长期发展的关键驱动力之一,独特的地理位置优势使其成为职业体育的萌发地。珠三角区域是国内职业体育发展最好的地区,除在足球联赛数量上占据绝对优势外,还拥有广东东莞大益、时代中国广州和深圳马可波罗三支实力较强的 CBA (Chinese Basketball Association,中国男子篮球职业联赛)球队。在赛事的承办方面,珠三角区域主要承办世界知名体育赛事,如法国超级杯决赛和澳网亚太区外卡赛,由此可见珠三角区域的体育产业已经延伸到了国际方面,港珠澳大桥的建设使得珠三角区域进入"1小时生活圈"。

四大都市圈对比如表6-1所示。

表6-1 四大都市圈对比

区域	城市数量（个）	人口（亿）	GDP（万亿元）	人均GDP（万元）	面积（万平方千米）	人口密度（人/平方千米）	城镇化率（%）	发展定位
成渝地区双城经济圈	16	0.95	4.8	5.1	18.5	514	53.48	引领西部开发的国家级城市群
长三角城市圈	25	1.5	14.7	9.8	21.2	708	68.47	具有全球影响力的世界级城市圈
大珠三角城市圈	15	0.7	7.6	10.9	11.1	631	84.12	粤港澳大湾区世界级城市圈
京津冀城市圈	14	1.1	7.5	6.8	21.5	512	62.72	以首都为核心的世界级城市圈

6.2 国内其他区域体育产业一体化发展的启示

启示一：以政府为行为主体。长三角、珠三角区域体育产业一体化的成功实践表明国家战略是区域发展的风向标。政府在整个过程的探索阶段、发展阶段发挥着主导作用。在长三角区域体育产业一体化发展的过程中，三个省、一个市的体育政府部门从制度上对各地区长期存在的市场分割等一系列市场自身无法进行破解的困境进行制度创新，出台了各项针对体育市场的政策并签订了区域内各地区的合作协议，以保障各个规划项目的快速落实和开展，也因此使得体育产业的一体化能够顺利地进一步推进。在珠三角区域体育产业一体化发展的过程中，政府管理是竞赛表演业能够快速发展的先决条件。

启示二：合作机制是促进区域体育产业一体化的有力保障。合作机制实际上指的就是区域内各地区自愿合作的政府部门先共同商讨成立类似领导小组这种特殊组织以明确发展目标与任务，再通过联合会议落实各项工作的实施。合作机制在长三角区域体育产业一体化发展的过程中发挥了承上启下的作用。首先成立跨地区的协调组织，组织内的成员主要由四个省的体育部门领导组成，负责对区域内的各地区体育政府部门的工作进行协调，商讨并研制一体化发展的各项协议，审核通过可以实施的合作方案。其次进行联合会议，会议的成员就是自愿合作的地区体育政府，会议以季度为周期进行，召开的地点则采取了轮流的方式，即在四个省会轮流进行。最后根据一体化的实际发展阶段签署合作协议，每一阶段的合作协议都在前一次的基础上进行深入，上海市与江苏省、浙江省、安徽省分别在2013年、2016年、2018年进行了合作协议的签署，为每一阶段的有效推进提供了制度上的保障。

启示三：以项目的推进落实引领跨区域体育产业协同发展。长三角区域在体育产业一体化启动的阶段便敲定了体育合作项目，并签订多个协议，如体育合作项目备忘录、三年工作计划等，在多达十几个合作项目中均取得了显著的成果。它积极摆脱了固有的合作框架，即"三省一市"体育政府部门的合作，项目的落实广泛吸引了各大体育企业、体育运动协会的参与，从而导致体育产业一体化的行为主体开始发生改变，体育企业等市场力量逐步成为次级行为主体，将能够在政府部门改变外部发展环境的基础上进一步刺激体育产业一体化的内在效应，形成初级行为主体（政府）和次级行为主体（企业）双核驱动的一体化模式，两个行为主体虽然发挥作用的顺序有所差异，但分别是不同时期的"主角"。随着体育产业一体化进程的逐步深入，初级行为主体的主导作用会逐步消退，而次级行为主体会扮演越来越重要的角色。长三角区域在此方面最大的成果就是2017年体育产业联盟的组建，吸引了区域内多个国有体育企业及众多的私有体育企业的积极参与。

6.3 本章小结

本章首先分析国内其他区域体育产业一体化发展的实践，主要包括长三角区域、京津冀区域与珠三角区域，并对其体育产业一体化的成功经验进行探讨，进而阐述其对于成渝地区双城经济圈体育产业一体化发展的启示。①长三角区域无论是对外开放程度还是经济发展程度都处于国内较高水平，其体育产业的一体化发展领先于其他区域。长三角区域体育产业的一体化发展大致经历了三个历史阶段。一是初步探索阶段，二是持续发展阶段，三是国家战略加持阶段。长三角区域体育产业的一体化发展经历了较长的发展阶段，从合作框架不断完善，到一体化发展持续纵向深入，再到上升为国家战略，最后实现行为主体的有效转变。②京津冀区域包括北京市和天津市，以及张家口市、邢台市等11个地级市，其发展经历了萌芽阶段（1978—1992年）、初步发展阶段（1993—2003年）、深入发展阶段（2003—2006年）、加速发展阶段（2007—2013年）、高质量发展阶段（2014年至今）。③珠三角区域主要包括深圳市、广州市等九个城市，区位和政策是珠三角区域体育产业快速发展的独特优势，经济是珠三角区域体育产业一体化的强大后备保障，经过30多年的发展，珠三角区域在大型公共体育场馆和公益性体育场馆建设方面成效显著，竞赛表演业形成了"政管协办商发"的固定模式。

国内其他区域体育产业一体化发展对于成渝地区双城经济圈体育产业发展的启示主要包括三个方面。①以政府为行为主体。长三角、珠三角区域体育产业一体化的成功实践表明国家战略是区域发展的风向标。②合作机制是促进区域体育产业一体化的有力保障。合作机制在长三角区域体育产业一体化发展的过程中发挥了承上启下的作用，有力地推进了该区域的体育产业一体化进程。③以项目的推进落实引领跨区域体育产业协同发展。以项目为牵引，促进体育产业一体化的行为主体发生改变，政府的主导作用会逐步消退，体育企业等市场力量将扮演越来越重要的角色，共同推动体育产业的一体化进程。

成渝地区双城经济圈体育产业空间结构研究 7

本章通过引入引力模型与社会网络分析法，实证分析成渝地区双城经济圈体育产业一体化的空间结构。受到城市发展、经济增长影响，成渝地区双城经济圈体育产业空间布局随之发生变化，基于对区域内多个城市的体育产业规模、场地面积、人均GDP、城市间交通距离数据进行实证分析，梳理成渝地区双城经济圈体育产业空间布局与分布特征，细化成渝地区双城经济圈体育产业布局与空间结构，以推动成渝地区双城经济圈体育产业的一体化发展。

7.1 成渝地区双城经济圈体育产业空间结构演变分析

7.1.1 成渝地区双城经济圈各城市发展水平演变分析

要更好地实现成渝地区双城经济圈体育产业一体化，就必须发挥成都市、重庆主城区中心城市的辐射带动作用，并且在此基础上逐步提高区域次中心的数量与质量，形成由点及面、由点带面的发展模式。首先，中心城市在一定区域具有较强的集聚功能和辐射作用，不仅仅是带动区域经济发展的重要增长极，更是促进区域一体化发展的重要引擎。利用中心城市促进区域一体化发展，将成渝地区双城经济圈建成中国的"第四级"增长极，实现高质量发展。其次，区域之间的空间差异是一个不断变化的过程，是核心区域和外围区域在集聚和扩散效应下先由不平衡到平衡，再由平衡到不平衡的动态互动过程。

7.1.2 成渝地区双城经济圈各城市GDP的空间分布特征

成渝地区双城经济圈主要经济要素绝大部分集中在成都市、重庆主城区两个中心城市，但是随着社会的不断发展将产生新的变化，成渝地区双城经济圈各城市的GDP在2016—2020年呈现为逐步增长的总体趋势（图7-1）。根据2020年成都市（17716.7亿元）和重庆主城区（9822.05亿元）的GDP及近五年的条形图可以直观了解，该区域的中心城市为成都市和重庆主城区，并且具有绝对的领先力和优势力。从图7-1中可以看出，2020年，遂宁（3010.08亿元）、内江（2003.43亿元）、自贡（2401.08亿元）、达州（2802.12亿元）等的GDP出现明显的增长，这些城市的快速发展表明其将接受中心城市更大的辐射作用，更有可能成为次中心城市，进一步完善成渝地区双城经济圈的发展模式，实现区域空间结构的平衡发展。

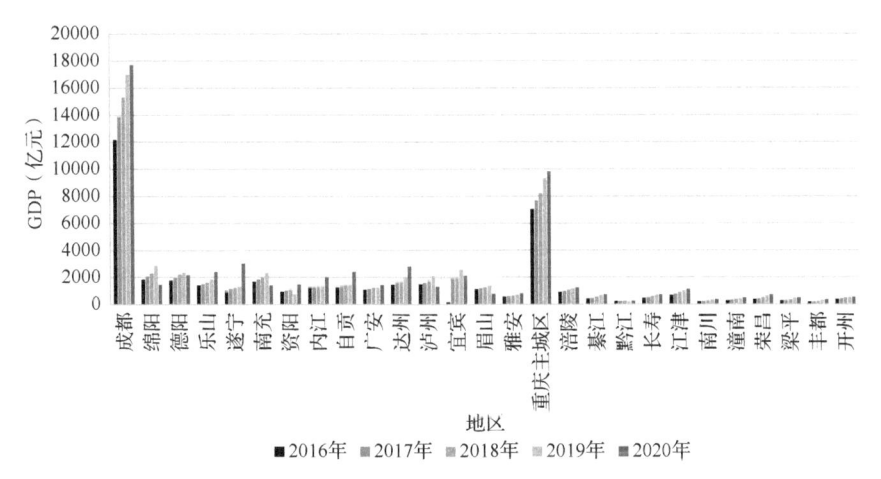

图 7-1　2016—2020 年成渝地区双城经济圈各城市 GDP 分布

（数据来源：成都市、重庆市、四川省统计局官网。）

7.1.3 成渝地区双城经济圈各城市体育产业总产值的空间分布

体育产业总产值空间分布是诠释区域集散的重要依据，有助于解释区域体育产业一体化发展的空间结构与分布特征。根据成渝地区双城经济圈部分城市2020年GDP及体育产业总产值（图7-2），可以清楚地了解到城市的GDP与体育产业总产值呈正比相关。但不是所有城市均是如此，如遂宁、自贡、达州、宜宾、荣昌等城市在区域的GDP排名中并不是绝对靠前的位置，然而其体育产业总产值相对较高。成都市和重庆主城区一直是成渝地区双城经济圈体育产业发展的两个主要地域，2020年，成都市体育产业总产值（800亿元）高于重庆主城区体育产业总产值（210亿元）近4倍，数据表明，成都市对于其他城市的辐射能力大于重庆主城区对于其他城市的辐射能力。根据地理空间位置，靠近中心城市的眉山、德阳、资阳、绵阳、涪陵、江津等地，在地理位置上具有较好的优势，能够更好地接收来自中心城市的辐射。四川省的德阳（140亿元）、南充（70亿元）、宜宾（48.49亿元），以及重庆市的江津（44.38亿元）、南川（80.7亿元）、潼南（36亿元），这些地区的体育产业总产值相对于其他城市较高，结合地理位置与就近的中心城市进行合作与交流，加强中心城市与周边城市之间的联系，逐步实现由单一的中心城市向多中心城市的演变，实现体育产业的一体化发展。首先通过中心城市的辐射实现体育产业的进一步增长，然后由此惠及区域内的其他城市，最后实现由点及面、由点带面的发展模式。

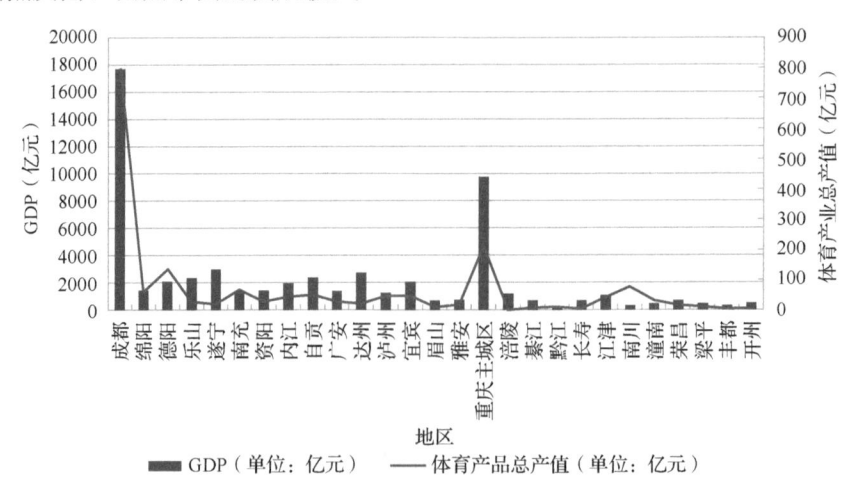

图7-2 2020年成渝地区双城经济圈部分城市GDP及体育产业总产值

7.2 引入引力模型

引力模型最早是由美国的威廉·赖利（William Reilly）提出的，是应用广泛的空间相互作用能力模型，用来分析和预测空间相互作用能力。在随后的发展研究中，人们将其与经济相结合，探索新的发展视角。因此，在现代社会的不断发展之下，经济水平不断提高，区域与区域之间的联系越发紧密，实现区域经济一体化的基本前提就是建立空间经济联系。随着我国经济的快速发展、国际影响力的提高及城市化进程的快速推进，在全球经济一体化的浪潮中，区域经济一体化成为世界主流方向。因此，在一个国家内部区域经济一体化的发展过程中，形成了以城市为核心的经济中心，并在一定区域范围之内形成城市群的区域经济一体化发展格局，成为目前社会发展的普遍现象。在文献检索汇总中发现，引力模型被学者引入城市、文化、能源、会展等领域中，不断与社会学、经济学相结合。学者们将各领域与引力模型结合助推区域经济不断朝着联动、互补、一体化的方向前进，推动区域经济一体化的进一步发展。根据汤放华等的研究[①]，根据引力模型的不同视角、不同产业，可以将引力模型的一般公式概括为

$$F_{ij}=K\frac{M_iM_j}{D_{ij}^b} \quad (7\text{-}1)$$

式中，F_{ij} 为城市 i 与城市 j 之间的引力；M_i、M_j 为城市 i 与城市 j 的"质量"；D_{ij} 为城市 i 与城市 j 之间的"距离"；b 为距离衰减系数，K 为经验常数。

（1）会展经济的蓬勃发展已经成为现今区域经济高质量发展的一张亮丽的"明信片"，将引力模型与会展经济相融合，能够使区域经济得到更好的协调发展。吴建等指出会展经济是现代服务业的重要表现形式，它通过自身的信息流、技术流、商品流很好地将区域内的产业连接起来，并带动相关产业的联动发展，对第

---

① 汤放华，汤慧，孙倩，等. 长江中游城市集群经济网络结构分析[J]. 地理学报，2013, 68 (10): 1357-1366.

三产业的发展具有很强的带动和辐射作用[1]。倪姣和孙维筠在文献研究中，进一步分析长三角区域经济转型升级、资源的有效配置，以及提出长三角区域面对经济转型与区域协调发展等问题的建议[2]。学者们根据区域和条件的不同及会展经济的特征，对引力模型进行修正，将其运用到会展经济研究中。

（2）文化产业是新常态下我国经济发展转型升级的重要支撑，因为文化产业具有"低耗能、多环保、高产出"的特征，所以中共中央办公厅、国务院办公厅在《国家"十三五"时期文化发展改革规划纲要》中提出要实现文化产业成为"我国国民经济支柱性产业"的阶段性目标。足以看出文化产业在未来经济发展中的重要地位。现代文化产业的空间聚集是文化产业的重要特征，我国早期的文化产业空间聚集研究主要是对省域文化产业聚集影响进行实证分析[3]，在区域产业一体化的不断发展且越来越趋于完善的时代背景下，对于文化产业的区域空间聚集的影响研究更加深入，进一步识别省际文化产业发展间的关联，构建空间关联网络并研究其结构特征[4]。

（3）能源消费是目前社会生产和人类生活的基础条件，随着国民经济和区域经济的不断发展，能源消费在经济增长中的作用越来越重要。中国地域辽阔、地势复杂、经济发展水平差距较大，对于能源消费的分析不能停留在传统的时间序列数据上，还要考虑空间关联的网络结构、区域与区域之间的协同机制[5][6]。随着社会的进步，能源的供需关系持续紧张，环境污染、全球变暖等问题越来越严重，在经济"新常态"下我国面临着能源节能减排的问题，在此前提下制定了2030前"碳达峰"的行动方案，优化能源结构实现"碳中和"。但是能源消费作为我国国

---

[1] 吴建，秦炳旺，孙金龙. 基于引力模型的长三角城市会展经济联系的测度及分析[J]. 旅游论坛，2011，4（6）：61-67.
[2] 倪姣，孙维筠. 长三角城市群会展经济发展评估与影响力格局演化特征分析[J]. 市场周刊，2021，34（5）：66-69，114.
[3] 袁海. 中国省域文化产业集聚影响因素实证分析[J]. 经济经纬，2010（3）：65-67.
[4] 陈金丹，黄晓. 我国文化产业发展的空间关联网络结构研究[J]. 经济问题探索，2017，38（1）：177-184.
[5] 吴玉鸣，李建霞. 中国省域能源消费的空间计量经济分析[J]. 中国人口·资源与环境，2008，18（3）：93-98.
[6] 刘华军，张耀，孙亚男. 中国区域发展的空间网络结构及其影响因素——基于2000-2013年省际地区发展与民生指数[J]. 经济评论，2015（5）：59-69.

民经济运行的重要投入，体现我国资源、人口分布的特点，这决定了其在一定程度上对空间具有依赖性，因此进行我国碳排放的空间网络关联研究[①]。

（4）旅游经济是在商品经济充分发展的基础上，旅游活动采取市场交换形式所形成的各种经济现象和经济关系的总和。旅游活动作为一种社会和经济现象，它的发生和发展都是在一定空间范围内进行的，这就反映出旅游活动具有空间属性。在日益增长的物质文化中，人们的生活水平不断提高，对于休闲娱乐、健身旅游的关注度也越来越高，因此学者们结合空间结构并引入引力模型，分析旅游经济的联系度和联系量，探索区域城市的旅游经济联系变化趋势，因地制宜地提出发展建议，为区域旅游整体网络化奠定基础[②]。在对于旅游经济的深入研究中，王凯等结合引力模型的使用，从绿色、环保、低碳的视角出发，研究中国旅游业碳排放效率，更加贴合目前世界面临的全球变暖的国际问题，准确把握旅游业碳排放效率的空间网络结构特征及它的演变趋势，梳理清楚网络结构对旅游业碳排放效率的影响，对突破省际减排壁垒、助推区域协同减排和实现绿色低碳发展具有重要意义[③]。

（5）城市经济指以城市为载体进行经济发展。它是由工业、商业等各种非农业经济部门聚集而成的地区经济，经济结构不断优化，资本、技术、劳动力、信息等生产要素高度聚集，规模效应、聚集效应和扩散效应十分突出。由于城市群在空间结构上表现出整体性，并且与各领域多层次融合，城市群渐渐成为中国特色社会城镇化道路的重要选择。目前我国城市经济的研究对象包括长三角（汤放华等）[④]、京津冀（崔万田和王淑伟）[⑤]、粤港澳大湾区（彭芳梅）[⑥]、川渝黔（蒋

[①] 杨桂元，吴齐，涂洋. 中国省际碳排放的空间关联及其影响因素研究——基于社会网络分析方法[J]. 商业经济与管理，2016（4）：56-68，78.
[②] 杨丽花，刘娜，白翠玲. 京津冀雄旅游经济空间结构研究[J]. 地理科学，2018，38（3）：394-401.
[③] 王凯，张淑文，甘畅，等. 中国旅游业碳排放效率的空间网络结构及其效应研究[J]. 地理科学，2020，40（3）：344-353.
[④] 汤放华，汤慧，孙倩，等. 长江中游城市集群经济网络结构分析[J]. 地理学报，2013，68（10）：1357-1366.
[⑤] 崔万田，王淑伟. 京津冀区域经济联系强度与网络结构分析[J]. 技术经济与管理研究，2021（4）：117-121.
[⑥] 彭芳梅. 粤港澳大湾区及周边城市经济空间联系与空间结构——基于改进引力模型与社会网络分析的实证分析[J]. 经济地理，2017，37（12）：57-64.

永穆和李想)[①]、江浙沪主要中心城市(姜海宁等)[②]等,为不同区域的城市经济的不同要素条件引入引力模型,分析区域城市经济发展的空间特征和区域城市之间的经济联系强度,为推动实现区域内部及区域与区域之间的统筹协调发展,促进我国经济的转型升级,实现经济的高质量发展提供了新的思路与方法。

基于不同领域的引力模型研究,可以了解到距离衰减系数 b 为 2,即城市间经济联系强度与城市间距离的平方呈反比;城市间的经济联系具有方向性,两个城市之间的引力贡献是不同的,因此需要引入经验常数 K,以此来区分研究的意义及空间联系的差异;"质量"测度须根据研究对象经济意义及属性特征选取所需的数据类型,结合文献整理可选取的数据主要类型有 GDP、人口总数、经济规模、城市面积等;"距离"测度主要分为两种类型,一是采用反映城市间地理距离的公路里程、公路驾车(乘车)时间或动车(高速动车)线路里程等指标来衡量,二是采用体现城市间经济距离的交通距离(D_{ij})与人均 GDP 之差($g_i - g_j$)的比值来衡量。

通过研究整理会展经济、文化产业、能源消费、旅游经济、城市经济的修正引力模型,将引力模型引入体育产业中,并依据廉涛和黄海燕对于长三角体育产业一体化发展的空间结构研究[③],对传统的引力模型进行修正,得到公式为

$$F_{ij} = K \frac{\sqrt{G_i S_i} \sqrt{G_j S_j}}{\left(\frac{D_{ij}}{g_i - g_j}\right)}, \quad K_{ij} = \frac{G_i}{G_i + G_j} \quad (7\text{-}2)$$

$$\text{TF}_{ij} = \sum_j F_{ij} = \sum_j K_{ij} \frac{\sqrt{G_i S_i} \sqrt{G_j S_j}}{\left(\frac{D_{ij}}{g_i - g_j}\right)^2} \quad (7\text{-}3)$$

式中,F_{ij} 为城市 i 与城市 j 体育产业之间的引力;TF_{ij} 为城市 i 与城市 j 体育产业

[①] 蒋永穆,李想. 川渝黔经济一体化助推成渝地区双城经济圈建设研究[J]. 西部论坛,2020,30(5):43-56.

[②] 姜海宁,陆玉麒,吕国庆. 江浙沪主要中心城市对外经济联系的测度分析[J]. 地理科学进展,2008,27(6):82-89.

[③] 廉涛,黄海燕. 长三角体育产业一体化发展的空间结构研究[J]. 体育科学,2020,40(10):21-30.

的空间联系总量；G_i、G_j为城市i与城市j体育产业产值；S_i、S_j为城市i与城市j人均体育场地面积；D_{ij}为城市i与城市j之间的交通距离；g_i、g_j为城市i与城市j的人均GDP；K_{ij}为城市i在城市i、j之间体育产业联系中的贡献率。

根据修正的体育产业引力模型，结合成渝地区双城经济圈的实际发展状况，以及体育产业的自身特征，现就以下两点进行具体说明。

一是关于城市"质量"的测度。"质量"测度被诠释为根据研究对象经济意义及属性特征选取所需的数据类型，结合文献整理明确可选取的数据类型主要有GDP、人口总数、经济规模、城市面积等。城市经济引力模型的核心要素是经济规模、人口总数、城区面积。部门产业质量则与产业产值（或营业收入）、消费人口数量（或消费总量）相关。因此能够反映测度城市体育产业引力模型"质量"的指标包含体育产业产值（或营业收入）、体育消费人口数量（或消费总量），这是最标准的数据指标。但是在现实的背景条件下，因为反映成渝地区双城经济圈体育产业产值和体育消费人口数量的具体统计数据不完整，所以本书使用人均体育场地面积反映城市化体育产业发展"质量"。此数据是依据我国体育（产业）规划、全民健身计划等相关政策文件得出的目标考查指标，人均体育场地面积包含人口数量及体育场地面积两个指标，反映了体育产业引力模型对于人口数量和体育场地面积的考查。

二是关于城市"距离"测度。总的来说就是选择能够体现城市间经济距离的交通距离与人均GDP之差的比值。但是考虑到目前社会快速发展的交通条件，以及可供人们出行选择的交通方式种类越来越丰富，使得在"距离"测度上需要考虑更多的因素，仅仅依靠公路或铁路营运里程或通勤时间来测算交通距离是不够全面的。我国的交通发展基本形成了以高速铁路、高速公路和江河运输为主的综合交通网络。结合体育产业发展的特点，本书选择公路和铁路为主要的运输方式，综合衡量城市间两种运输方式最短的通勤时间，并以交通方式的选择机会和铁路不同运输方式的一日往返班次占比为基准赋予其不同的权重系数。

综上所述，根据式（7-2），可以得到一个关于成渝地区双城经济圈体育产业经济联系强度的引力矩阵，为了使计算结果的网络不出现局部闭环，我们首先要将城市与其自身经济联系强度的值设定为零。在使用软件 Ucinet 时还需要将本书中的引力矩阵进行二值化处理，取引力矩阵各行的平均值作为临界值。引力值大于或等于该行临界值的赋值为 1，表示该行城市体育产业与该列城市体育产业存在关联关系；引力值小于该行临界值的则赋值为 0，表示该行城市体育产业与该列城市体育产业不存在关联关系。构建成渝地区双城经济圈城市间体育产业的空间关联网络矩阵，通过空间结构分析，可以确定城市间体育产业相互联系的方向。因为两个城市之间的引力贡献不同，城市间的经济联系又具有方向性，所以在空间结构分析中需要还原城市间体育产业联系作用的方向，公式表达为

$$F_{i \to j} = \frac{G_i}{G_i + G_j} \cdot \frac{\sqrt{G_i S_i} \sqrt{G_j S_j}}{\left(\frac{D_{ij}}{g_i - g_j}\right)^2} \quad F_{j \to i} = \frac{G_j}{G_i + G_j} \cdot \frac{\sqrt{G_i S_i} \sqrt{G_j S_j}}{\left(\frac{D_{ij}}{g_i - g_j}\right)^2} \quad (7\text{-}4)$$

$$P_i = \sum j F_{i \to j} = \frac{G_i}{G_i + G_j} \cdot \frac{\sqrt{G_i S_i} \sqrt{G_j S_j}}{\left(\frac{D_{ij}}{g_i - g_j}\right)^2} \quad N_i = \sum j F_{j \to i} = \frac{G_j}{G_i + G_j} \cdot \frac{\sqrt{G_i S_i} \sqrt{G_j S_j}}{\left(\frac{D_{ij}}{g_i - g_j}\right)^2} \quad (7\text{-}5)$$

式中，$F_{i \to j}$ 为城市 i 体育产业对城市 j 体育产业的空间作用强度，$F_{j \to i}$ 则相反；P_i 为城市 i 体育产业对外作用强度的总和，实际含义为城市 i 体育产业对其他城市体育产业的影响力；N_i 为其他城市体育产业对城市 i 体育产业作用强度的总和，实际含义为城市 i 体育产业受其他城市体育产业影响的程度。

7.3 引入社会网络分析法

社会网络分析是 20 世纪 30 年代英国人类学家布朗（Brown）在对结构的关

注中提出的。社会网络是指社会个体成员之间因互动而形成的相对稳定的关系体系，它是由许多节点构成的一种社会结构，节点通常是指个人或组织，社会网络代表各种社会关系，经由这些社会关系，把各种人或组织串连起来。社会网络分析法被广泛应用到社会学、政治学、经济学、人类学等研究领域，是新经济社会学中一种重要的研究方法，它认为互动的成员间存在的关系非常重要，力图用图论工具、代数模型技术描述关系模式，并探究这些关系模式对结构中的成员或整体的影响。本书利用社会网络分析法，并使用 Ucinet 和 ArcGIS 软件对成渝地区双城经济圈体育产业一体化空间结构进行剖析。

因为使用社会网络分析法分析和计量网络结构特征的指标较多，所以本书选择社会网络分析法中的整体网络结构特征、节点中心度特征、核心-边缘结构特征、块模型特征等对成渝地区双城经济圈体育产业空间关联网络结构进行分析。

（1）整体网络结构特征：主要包括四个指标，一是网络密度，反映各个节点之间关联的紧密程度，值越大则说明网络密度越大，网络密度越大说明城市内部联系越紧密；二是网络关联度，指网络成员相互关联的程度，若任一对节点之间均可达，则网络关联度为1；三是网络等级度，描述的是网络节点之间在多大程度上非对称地可达，网络等级度越高表明网络越具有等级结构；四是网络效率，指在保证可达性的前提下，大多情况存在多余的线，线路冗余表明较低的网络效率值，节点之间有更多的空间溢出路径，而且网络更加稳健。

（2）节点中心度特征：社会网络研究的重点内容。节点中心度是衡量中心行为者的重要指标，中心行为者是指同时参与网络中若干环节的节点，作为整个网络调查的补充角度，中心性是单节点网络的一个重要特征。节点中心度通常分三类使用。第一类为点度中心度，它是指网络中其他节点的数目，点度中心度数值越大，表明节点越接近网络中心地位，具有重要意义，它与网络中的其他节点相连接，这样就体现出这个节点的中心性。第二类为接近中心度，它被用于衡量该节点在网络中不被其他节点支配的程度，这个节点与另一个节点之间的距离越小，说明接近中心度更高，这反映了节点的独立性。第三类为中介中心度，它是指网络中某节点对另一节点的控制力。若某一节点是众多节点的最佳近径（两点之间的最短路径），则该节点的调解中心度较高，体现了该节点的控制力。

（3）核心-边缘结构特征：产生于 20 世纪六七十年代，是发展经济学中研究发达与不发达国家之间经济关系理论观点的总称。美国学者弗里德曼（Friedmann）提出最具代表性的观点，他指出基于多种因素，一个地区的城市可以划分为核心区和边缘区，二者之间的发展是不平衡的，核心区处于主导地位，边缘区依附核心区，边缘区的发展依赖核心区。核心区与边缘区现在已经成为分析区域经济使用的一种相对固定的模式，在区域经济高速发展的背景下，城市与城市之间的关系变得越来越复杂，核心区与边缘区不断地发生着改变和调整，由此引发区域经济的发展。

（4）块模型特征：分析一种研究网络位置的方法和对网络定位的解析方式。基于块模型的位置层次分析，可以详细地研究不同位置（板块）间是怎样传递和接收信息的，并进行描述性的分析。从区域板块的差异来看，现阶段区域被划分为"主受益"板块、"主溢出"板块、"双向溢出"板块及"经纪人"板块。

7.4 数据来源与处理

以成渝地区双城经济圈所覆盖的 27 个城市为调查对象，所包含的城市有成都、重庆主城区、绵阳、德阳、资阳、眉山、雅安、乐山、南充、遂宁、广安、达州、内江、自贡、宜宾、泸州、涪陵、綦江、黔江、长寿、江津、南川、潼南、荣昌、梁平、丰都、开州。对这些城市进行数据分析，通过结果分析成渝地区双城经济圈体育产业一体化的空间结构特征。

现就相关数据来源进行详细说明。一是城市体育产业的总产值。数据来源于各城市的体育产业发展"十三五"规划、全民健身计划（2016—2020年），包含区域内城市2020年对于体育产业总产值的汇总数据，部分城市没有对于体育产业的总产值进行汇总的数据，则主要借助两个文件对体育产业总产值进行预估，数据只有经过政府部门认可才可发布，以保证研究数据的可查性和真实性。部分城市没有可得的体育产业总产值数据统计，也没有对外公布体育产业总产值的预估值，为此本书通过对《四川省统计年鉴-2020》中各市（州）体育娱乐用品指数、2020年各城市国民经济和社会发展公报中体育娱乐占比指数及各市（州）2020年商品零售价格的总产值三个数据进行换算，推算这部分城市的体育产业总产值，最终获取相关数据，为后续的研究奠定基础。二是城市人均体育场地面积。数据来源于各城市的体育产业发展"十三五"规划、全民健身计划（2016—2020年），可查找各城市在2020年调查汇总的最准确的数据，若部分地区未对人均体育场地面积数据进行汇总，则可借助两个文件当中的预估值。三是城市人均GDP。数据来源于各城市国民经济和社会发展"十三五"规划及各省市颁布的国民经济报告，若没有，则采用该地区预计生产总值和人口规模进行测算。四是城市间交通距离。公路时间以城市之间的行车时间来计算，即城市之间最短的行车时间（使用百度地图App，采集2021年9月27日的实时数据）。铁路时间以高速动车组旅客列车、动车组旅客列车和普通旅客列车三类列车各自用时最短班次列车的乘车时间衡量（使用同程旅游App，采集2021年9月28日的列车数据）。对于交通运输方式的权重系数处理，本书将根据运输类型的差异赋予不同的权重系数，对公路和铁路两种类型的交通方式各赋予0.5。铁路交通运输根据其中包含的三类再进行权重系数赋值，其赋值将按照城市间各类列车一日往返的列车班次占全部班次的比例（使用同程旅游App，采集2021年9月28日的列车数据）乘以铁路0.5的权重予以测算。

7.5 成渝地区双城经济圈各城市体育产业空间结构特征分析

7.5.1 成渝地区双城经济圈各城市体育产业质量及经济联系总量的特征分析

首先，借助式（7-3）~式（7-5）得到成渝地区双城经济圈中 27 个城市体育产业质量 M_i 和经济联系总量 TF，从表 7-1 中可直观地看到体育产业质量 M_i 和经济联系总量 TF 这两个指标。通过数据可以看出，排序第一的成都（1520，2.33）和排名最末的开州（1.32，0.03）差距巨大；排名第二的重庆主城区（369.6，4.48）是开州（1.32，0.03）的三百多倍。从表 7-1 中还可以知道成渝地区双城经济圈中的各个城市之间的体育产业质量和经济产业联系差距较大，呈现出成渝地区双城经济圈体育产业一体化的空间分布不均衡的特征。其次，对体育产业质量进行分析，本书将 27 个城市划分为不同的梯队，其中 M_i>1000 的为第一梯队，包括成都；100<M_i<1000 的为第二梯队，包括重庆主城区、泸州、南川、遂宁、自贡、广安；20<M_i<100 的为第三梯队，包括江津、南充、潼南、德阳、宜宾、乐山、达州、荣昌、内江、眉山、资阳、黔江、绵阳；M_i<20 的为第四梯队，包括梁平、雅安、綦江、涪陵、丰都、长寿、开州。从体育产业质量来看，成都远远超过其他城市，并且与其他城市差距较大，进一步说明成渝地区双城经济圈体育产业空间分布的不均衡。要实现成渝地区双城经济圈体育产业一体化的目标，需要不断缩小城市间的不平衡程度，从而为实现真正的体育产业一体化奠定基础。

表 7-1　2020 年成渝地区双城经济圈各城市体育产业特征

排序	城市	M_i	P_i	N_i	P_i-N_i	TF=P_i+N_i
1	成都	1520	2.11	0.22	1.89	2.33
2	重庆主城区	369.6	3.56	0.92	2.64	4.48
3	泸州	252	0.36	0.59	−0.23	0.95
4	南川	154.14	0.57	0.33	0.24	0.9
5	遂宁	140	0.52	0.29	0.23	0.81
6	自贡	120	0.28	0.17	0.11	0.45
7	广安	115	0.77	0.34	0.43	1.11
8	江津	88.76	0.83	0.37	0.46	1.2
9	南充	69.1	0.37	0.18	0.19	0.55
10	潼南	60.84	0.33	0.21	0.12	0.54
11	德阳	60	0.2	0.17	0.03	0.37
12	宜宾	59.54	0.12	0.04	0.08	0.16
13	乐山	49.52	0.14	0.06	0.08	0.2
14	达州	38.8	0.16	0.1	0.06	0.26
15	荣昌	34	0.32	0.76	−0.44	1.08
16	内江	33.82	0.36	0.18	0.18	0.54
17	眉山	33.6	0.67	0.07	0.6	0.74
18	资阳	22	0.81	0.11	0.7	0.92
19	黔江	21.71	0.05	0.03	0.02	0.08
20	绵阳	20	0.13	0.055	0.075	0.185
21	梁平	17	0.05	0.09	−0.04	0.14
22	雅安	14.69	0.12	0.01	0.11	0.13
23	綦江	13.64	0.28	0.06	0.22	0.34
24	涪陵	4.96	0.05	0.21	−0.16	0.26
25	丰都	3.47	0.08	0.03	0.05	0.11

续表

排序	城市	M_i	P_i	N_i	P_i-N_i	TF=P_i+N_i
26	长寿	1.92	0.04	0.05	−0.01	0.09
27	开州	1.32	0.02	0.01	0.01	0.03

注：$M_i=G_i+S_i$（本表按体育产业综合质量降序排列）。

此外，城市间的空间联系与经济发展水平之间具有一定的正向关联。简单来说，当一个城市的经济发展水平较高时它与周边城市的联系就相对较强；当这个城市的经济发展水平较低时，它与周边城市的联系就相对较弱。成渝地区双城经济圈体育产业质量及空间联系总量排名一、二的是成都（1520，2.11）和重庆主城区（369.6，3.56）。体育产业质量排名第三的是泸州，排名第四的是南川，排名第五的是遂宁，排名第六的是自贡，排名第七的是广安，这些城市的空间联系总量排名在第五（广安）、第七（南川）、第八（遂宁）、第十（泸州）、第十四（自贡），表明体育产业质量与空间联系总量之间不是匹配的，只有当城市的体育产业质量达到相应的数值后，才能实现体育产业质量与空间联系总量之间的正向联系。因此，需要大力发展成渝地区双城经济圈体育产业，只有当该区域内的所有城市体育产业综合质量、空间联系水平得到提高，成渝地区双城经济圈的体育产业一体化水平得到总体提高，才能实现区域发展的均衡化、一体化。

7.5.2 成渝地区双城经济圈双核心的核心-边缘结构特征分析

依据式（7-4）、式（7-5）计算得出成渝地区双城经济圈中城市 i 体育产业对其他城市体育产业影响力的 P_i 值，以及城市 i 接受其他城市体育产业辐射能力的 N_i 值。城市自身（P_i-N_i）值的大小从某种程度上可以表现为城市所处空间网络结构中的地位特征。当某一城市的（P_i-N_i）值为正值且最高时，则其为该区域的中心城市；当某一城市的（P_i-N_i）值为负值时，N_i 值排列靠前的城市是接受中心城市辐射作用较多的，这种城市一般围绕在中心城市和次中心城市周边，而 N_i 值较低的城市一般远离中心城市，位于区域的最外圈层[①]。

根据表7-1的数据可知，(P_i-N_i)值为正值且最高的是重庆主城区（2.64），第二高的是成都（1.89），这两个城市的（P_i-N_i）值远远高于成渝地区双城经济圈区域内的其他城市，说明重庆主城区与成都是该区域的中心城市。（P_i-N_i）值排名第三的是资阳（0.7），它应当属于该区域内的次中心城市，但是资阳体育产业质量和空间联系总量相对较低，还不足以成为区域内的次中心城市，其他（P_i-N_i）值为正值的城市，值较小且发展水平相当，与两大中心城市之间的差距较大，因此也不能成为次中心城市。根据分析表明，在成渝地区双城经济圈体育产业一体化发展中，该区域的中心城市为重庆主城区及成都，由此形成了区域内双核心的空间形态。同时，进一步分析（P_i-N_i）值中N_i的情况，（P_i-N_i）值为负数的城市有长寿（-0.01）、梁平（-0.04）、涪陵（-0.16）、泸州（-0.23）、荣昌（-0.44），其中长寿、梁平和涪陵的（P_i-N_i）值稍微靠前，说明这些城市主要分布在中心城市的周边，是接受中心城市辐射作用较多的城市；而泸州和荣昌的（P_i-N_i）值较为靠后，说明其主要分布在中心城市的最外圈层，是接受中心城市辐射作用较少的城市。但是通过该区域各城市的地理位置和两大中心城市与其他城市的经济距离（表7-2、表7-3），可以看出（P_i-N_i）值所反映的情况并不完全符合实际情况。由此可见，在影响成渝地区双城经济圈体育产业一体化发展的各种因素中，地理位置、经济距离等条件并不占主导地位，想要更好地促进体育产业一体化的发展需要从多方面考虑其他影响因素，否则该区域体育产业一体化不平衡发展将持续下去。

表7-2 成都与其他城市的经济距离

排序	城市	经济距离（千米）
1	长寿	235.987
2	资阳	308.3536

[①] 彭芳梅. 粤港澳大湾区及周边城市经济空间联系与空间结构——基于改进引力模型与社会网络分析的实证分析[J]. 经济地理，2017，37（12）：57-64.

续表

排序	城市	经济距离（千米）
3	眉山	369.2629657
4	雅安	1624.941167
5	内江	2026.175105
6	遂宁	2326.481928
7	南充	2973.091912
8	绵阳	3202.97451
9	乐山	3964.334705
10	广安	4309.193086
11	自贡	5206.177515
12	泸州	5906.374567
13	达州	7362.988883
14	宜宾	9950.0625
15	潼南	10519.39513
16	重庆主城区	13273.14259
17	开州	15549.33425
18	南川	22751.696
19	丰都	24090.53759
20	黔江	27096.02268
21	荣昌	30715.80796
22	綦江	31729.61246
23	涪陵	39393.18199
24	德阳	45050.0625
25	梁平	169496.89
26	江津	305651.0204

表 7-3 重庆主城区与其他城市的经济距离

排序	城市	经济距离（千米）
1	江津	227.357239
2	綦江	256.962276
3	广安	285.1503534
4	南川	347.3799755
5	潼南	594.8060678
6	南充	660.1523789
7	遂宁	698.715371
8	内江	776.3900737
9	丰都	796.7460872
10	资阳	917.3832684
11	长寿	986.3898567
12	达州	994.7418538
13	泸州	1172.055363
14	自贡	1528.914667
15	黔江	2105.723035
16	开州	2421.715203
17	眉山	2507.905133
18	宜宾	2665.679482
19	梁平	3084.379482
20	乐山	4166.850737
21	雅安	4696.349185
22	绵阳	5016.645648
23	荣昌	6614.263916
24	成都	13273.14259
25	德阳	21148.72408
26	涪陵	25358.14968

7.5.3 成渝地区双城经济圈各城市间体育产业空间联系分布等级特征分析

根据式（7-2）计算得出城市间体育产业引力矩阵，借助软件 ArcGIS 测算绘制成渝地区双城经济圈各城市体育产业产值与联系水平的空间拟合图。图中节点大小代表城市体育产业的质量，连接线的粗细程度代表城市间体育产业关联的强弱。

当临界值等于 0 时，根据结果显示，城市与城市之间的网络节点都是相互联系的，网络联系最为密切的区域主要集中在成都和重庆主城区，其他城市相对于中心城市的网络联系较弱。当临界值等于 0.1 时，根据结果显示，区域之间的网络联系明显减弱，许多城市已经脱离网络连接，如黔江、梁平、开州、德阳、绵阳、乐山和宜宾等。反观其他城市之间的网络联系也较弱，网络联系相对较好的城市仍然是成都和重庆主城区。通过分析可以了解到，经济水平较低的城市之间的空间联系几乎不存在，这就在一定程度上反映出经济发展水平越高的城市，它的资源调配、要素流通、对外联系的经济联系水平也会越高。

因此，可以看到，一方面，当前成渝地区双城经济圈体育产业之间的空间联系相对较弱，主要依靠省会中心城市助力整体的发展，其余地级市自身能力不足且相对较弱，主要依靠核心区域的向外辐射；另一方面，地级市之间的空间联系较少，带有明显的等级分化，这将不利于更好地实现成渝地区双城经济圈体育产业的一体化发展，这也说明城市的行政等级级别可能是影响体育产业一体化发展的一个重要因素。

7.6 成渝地区双城经济圈体育产业一体化空间结构特征分析

7.6.1 呈现以成都-重庆主城区为中心的"双核心"网络空间结构

通过二值化处理，得到成渝地区双城经济圈体育产业空间关联关系矩阵，绘制 2020 年成渝地区双城经济圈体育产业空间结构（图 7-3），图中每个节点代表相应的城市，节点城市间的有向线段代表城市体育产业空间联系与方向。研究显示，成渝地区双城经济圈体育产业形成了以成都-重庆主城区为中心的"双核心"网络空间结构。

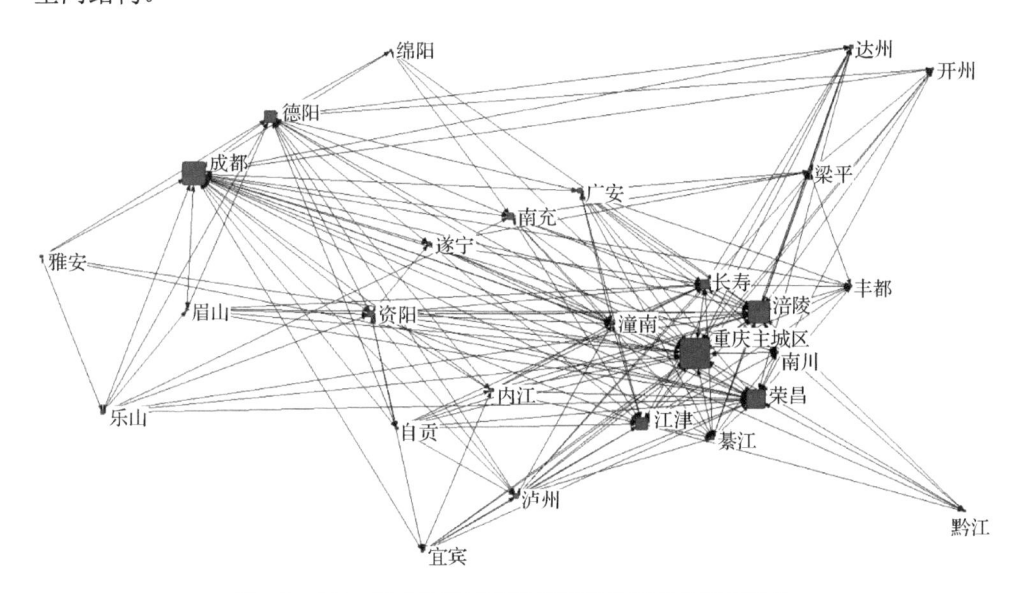

图 7-3　2020 年成渝地区双城经济圈体育产业空间结构

陈航航等指出，当前区域一体化实践的网络化特征越发明显，形成了由国家力量所驱动的基于关系构筑的网络空间[1]。我国文化产业、旅游经济等区域一体化的研究结论同样呈现出较为紧密的网络结构[2][3]。与之相比，成渝地区双城经济圈体育产业的空间结构虽然也呈现出网络化特征，但它的空间关联关系并不紧密，除了成都、重庆主城区与绝大多数城市存在体育产业的空间联系，其他城市之间基本不存在这种空间联系。本书认为，在成渝地区双城经济圈内，除中心城市外，大部分城市之间体育产业的空间联系较少。也就是说，中心城市以外的体育产业资源要素流动比较少。因此，今后有必要从地方政府发展战略及其政策、制度

---

[1] 陈航航,贺灿飞,毛熙彦. 区域一体化研究综述：尺度、联系与边界[J]. 热带地理,2018,38（1）：1-12.
[2] 陈金丹,黄晓. 我国文化产业发展的空间关联网络结构研究[J]. 经济问题探索,2017,38（1）：177-184.
[3] 杨丽花,刘娜,白翠玲. 京津冀雄旅游经济空间结构研究[J]. 地理科学,2018,38（3）：394-401.

等层面去分析这种空间结构形成的原因。事实上，从实际情况来看，这种空间结构特征在一定程度上反映了成渝地区双城经济圈体育产业一体化所处的阶段水平。

彭际作根据都市圈的空间结构特征将大都市圈的形成过程划分为四个阶段，分别是中心指向型（极核型）、"中心-周边"双向指向型（点轴型）、水平网络化（多核多中心型）和社会经济联系（一体化的社会经济实体）[①]。显然，这四个阶段是一体化发展由浅入深的过程。成渝地区双城经济圈体育产业"双核心"网络空间结构中的绝大多数空间联系指向中心城市成都、重庆主城区。据此判断，当前成渝地区双城经济圈体育产业一体化处于极核型发展阶段，在区域内形成一个"双核心"网络空间格局，属于一体化发展的初级阶段。

7.6.2 整体网络结构特征分析

通过汇总得到网络密度、网络关联度、网络等级度和网络效率等整体网络结构特征指标的测度值，如表7-4所示，进一步分析成渝地区双城经济圈的整体网络结构特征，该区域的网络密度为0.3048。刘军指出网络密度越大，网络成员联系就越紧密，网络对其中行动者的态度、行为等产生的影响就越大[②]。据此判断，成渝地区双城经济圈体育产业空间经济联系总体上不算太高，城市间体育产业的互动不强，区域体育产业所形成的空间网络对节点城市体育产业发展的影响也不大。这说明成渝地区双城经济圈城市间体育产业空间关联程度较低，网络对节点的影响较小，城市节点间平均关联程度及体育产业网络功能需要进一步提高。该区域的网络关联度为1，表明成渝地区双城经济圈任意城市之间都存在关联关系，网络具有良好的通达性；网络等级度为0.873，说明成渝地区双城经济圈体育产业整体网络空间溢出效应达到中等水平，体育产业中等发达城市均存在空间溢出效应；网络效率为0.697，说明网络中存在较多的冗余连接，各城市间体育产业空间

[①] 彭际作. 大都市圈人口空间格局与区域经济发展——以长江三角洲大都市圈为例[D]. 上海：华东师范大学，2006：35-37.

[②] 刘军. 社会网络分析导论[M]. 北京：社会科学文献出版社，2004：286-289.

溢出存在较明显的多重叠加现象,则进一步说明成渝地区双城经济圈体育产业的空间溢出效应具有较高的等级结构。根据图 7-3 中节点城市间体育产业空间经济联系的方向可以发现,只有成都和重庆主城区两个城市具有较强的空间溢出效应,再次说明只有在较高的体育产业发展水平上才可能产生较强的空间溢出效应。

表 7-4 整体网络结构特征指标的测度值

时间（年）	网络密度	网络关联度	网络等级度	网络效率
2020	0.3048	1	0.873	0.697

综合四个指标的测算结果可知,成渝地区双城经济圈体育产业当前虽然存在一定的空间关联和溢出效应,但整体上该区域各城市间的体育产业空间经济联系仍然相对较弱,等级结构中等,空间网络结构比较脆弱,证明成渝地区双城经济圈体育产业一体化发展进程有待进一步推进与加强。

7.6.3 节点中心度特征分析

通过汇总点度中心度、接近中心度和中介中心度等表示网络节点中心性的指标的测度值（表 7-5）,分析各城市在成渝地区双城经济圈体育产业空间关联网络中的地位与作用。

表 7-5 2020 年成渝地区双城经济圈体育产业空间结构中心性特征值

城市	点出度	点入度	点度中心度	排序	接近中心度	排序	中介中心度	排序
重庆主城区	16	24	96	1	96	1	38	1
成都	20	23	88	2	89	2	29	2
涪陵	10	8	65	3	75	3	15	3
荣昌	12	11	65	3	75	3	15	3
江津	8	13	63	4	73	4	13	4
德阳	14	9	61	5	72	5	12	5

续表

城市	点出度	点入度	点度中心度	排序	接近中心度	排序	中介中心度	排序
长寿	1	1	57	6	70	6	8	6
资阳	12	8	57	6	70	6	4	7
潼南	9	10	50	7	66	7	2	9
泸州	4	12	50	7	66	7	4	7
广安	7	10	46	8	65	8	3	8
南充	7	11	46	8	65	8	4	7
綦江	1	0	42	9	63	9	1	10
内江	7	10	42	9	63	9	1	10
自贡	6	8	38	10	61	10	0	11
梁平	1	0	34	11	60	11	2	9
乐山	1	0	34	11	60	11	1	10
达州	4	8	34	11	60	11	1	10
遂宁	6	8	34	11	60	11	1	10
宜宾	1	0	30	12	59	12	0	11
眉山	1	0	30	12	59	12	0	11
丰都	1	0	30	12	59	12	0	11
南川	4	1	26	13	57	13	0	11
开州	1	0	26	13	57	13	0	11
黔江	1	0	23	14	56	14	0	11
绵阳	1	0	19	15	55	15	0	11
雅安	1	0	19	15	55	15	0	11

一是点度中心度。据表7-5显示，重庆主城区的点度中心度（96）最高，其次便是成都（88）。该区域内这两座城市与其他25个城市之间均存在或多或少的网络联系，这就说明了重庆主城区与成都在关联网络中处于相对的中心地位。反观其他城市，点度中心度的值相对低于重庆主城区与成都两个城市，说明这些城

市的体育产业与其他城市的体育产业的相互关联度不高。此外，通过整理相关文献可以知道，产业规模的大小、地理位置还有城市的经济发展程度对于区域的点度中心度有一定的影响。从点出度和点入度分析，重庆主城区（16，24）和成都（20，23）两个城市的值最高，并且远远高于其他城市。如果这样的状况继续下去，那么该区域的体育产业发展将会形成更加明显的两极分化，中心城市越来越好，其余的城市越来越差，形成"马太效应"。重庆主城区和成都两个城市体育产业对外的溢出也比其他城市高。通过分析，成渝地区双城经济圈各城市的网络位置存在较为明显的两极分化，表现出区域不平衡、发展不均衡的特征。

二是接近中心度。据表 7-5 显示，重庆主城区（96）和成都（89）的接近中心度在该区域内相对较高，尤其是重庆主城区接近 100 满值，并且排名第二的成都与排名第三的涪陵（75）相差 14。这说明重庆主城区和成都这两座城市在成渝地区双城经济圈体育产业一体化的进程中能够更快速地与其他城市产生内在连接，反映出这两座城市在该区域内扮演中心行动者和核心参与者的角色，其他城市则扮演边缘行动者的角色。

三是中介中心度。在成渝地区双城经济圈 27 个城市的中介中心度数值上，可以很明确地看出，重庆主城区的中介中心度（38）远远高于该区域内的其他城市，排名第二的成都的中介中心度（29）低于排名第一的重庆主城区，但是高于其他城市，虽然涪陵、荣昌、江津、德阳的排名较为靠前，但是与排名第一、第二的两个城市相比，仍有较大的差距。反观剩余的城市，其中中介中心度小于 5 的城市有 20 个，比重超过总数量的 2/3，当中有 5 个城市的值为 1，9 个城市的值为 0，这说明这些城市的体育产业对其他城市的体育产业的控制和支配作用微乎其微，甚至部分城市的体育产业不具有控制和支配作用。因此，重庆主城区与成都在成渝地区双城经济圈体育产业一体化的进程中发挥着重要的中介和桥梁作用。

综上所述，重庆主城区与成都处于成渝地区双城经济圈体育产业空间关联网络的核心位置，对其他城市的体育产业的控制和支配作用较强。

7.6.4 核心-边缘结构特征分析

面对世界经济一体化发展和全球化进程不断加快,王川兰提出将核心-边缘结构理论模型与区域经济相结合,以此更好地解释区域经济发展的空间结构关系[①]。7.5节初步识别出成渝地区双城经济圈体育产业呈现以重庆主城区和成都两个城市为核心的核心-边缘结构,但这一判断仅是一部分的分析结果,不足以全方位地进行定论。刘军将核心-边缘结构分为离散的和连续的两种类型[②]。本书基于二值化处理之后所得的成渝地区双城经济圈体育产业空间联系矩阵,选择"离散的核心-边缘关联缺失模型"进行检验,得到如表7-6所示的相关数据结果,其中现实数据与理想模型的拟合度为0.554。从表7-6中可以了解到,通过软件分析得出成渝地区双城经济圈核心区的城市有重庆主城区、成都、涪陵、长寿、江津、南川、潼南、荣昌、德阳、自贡、泸州、南充、资阳13个;边缘区的城市有丰都、梁平、绵阳、内江、乐山、开州、眉山、宜宾、遂宁、达州、雅安、广安、綦江、黔江14个。核心区城市之间的密度为0.686,边缘区城市之间的密度为0.136,边缘区城市到核心区城市的密度为0.456,核心区城市到边缘区城市的密度为0.456。说明核心区城市空间溢出效应远大于边缘区城市空间溢出效应,边缘区城市空间溢出效应对核心区依赖程度较高。

表7-6 成渝地区双城经济圈体育产业核心-边缘结构

结构	城市	密度 核心区	密度 边缘区
核心区	重庆主城区、成都、涪陵、长寿、江津、南川、潼南、荣昌、德阳、自贡、泸州、南充、资阳	0.686	0.456
边缘区	丰都、梁平、绵阳、内江、乐山、开州、眉山、宜宾、遂宁、达州、雅安、广安、綦江、黔江	0.456	0.136

---

① 王川兰. 经济一体化过程中的区域行政体制与创新——以长江三角洲为对象的研究[D]. 上海:复旦大学,2005:49.

② 刘军. 社会网络分析导论[M]. 北京:社会科学文献出版社,2004:286-289.

根据新经济地理理论可以知道，核心-边缘结构若是形成，则会使成渝地区双城经济圈体育产业一体化在未来发展中形成"马太效应"，最终造成该区域难以实现区域体育产业的均衡发展。这将不利于区域一体化的实现及建设区域一体化的最初目的。因此，为实现区域一体化的均衡发展，要打破核心-边缘这种不利于均衡发展的结构模式。

7.6.5 块模型特征分析

为揭示成渝地区双城经济圈体育产业发展的空间聚类特征，采用Ucinet-Concor进行聚类分析，本书依据陈金丹和黄晓的相关研究[①]，确定最大分割深度为2，收敛标准为0.2，对成渝地区双城经济圈体育产业的空间关联关系进行块模型分析，得到该区域划分的四个体育产业发展板块（图7-4），并分析成渝地区双城经济圈体育产业的空间结构特征。由图可知，位于板块Ⅰ的城市有重庆主城区、

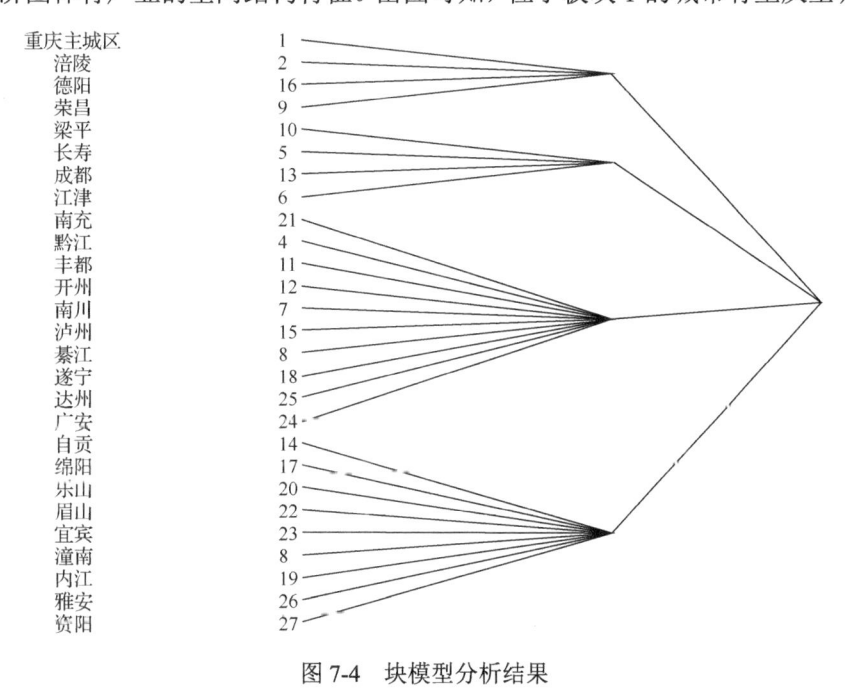

城市	编号
重庆主城区	1
涪陵	2
德阳	16
荣昌	9
梁平	10
长寿	5
成都	13
江津	6
南充	21
黔江	4
丰都	11
开州	12
南川	7
泸州	15
綦江	8
遂宁	18
达州	25
广安	24
自贡	14
绵阳	17
乐山	20
眉山	22
宜宾	23
潼南	8
内江	19
雅安	26
资阳	27

图7-4　块模型分析结果

---

① 陈金丹，黄晓. 我国文化产业发展的空间关联网络结构研究[J]. 经济问题探索，2017，38（1）：177-184.

涪陵、德阳、荣昌四个；位于板块Ⅱ的城市有梁平、长寿、成都、江津四个；位于板块Ⅲ的城市有南充、黔江、丰都、开州、南川、泸州、綦江、遂宁、达州、广安十个；位于板块Ⅳ的城市有自贡、绵阳、乐山、眉山、宜宾、潼南、内江、雅安、资阳九个。

成渝地区双城经济圈体育产业空间网络的关联关系均为板块间的联系，通过表7-7中的数据可以看出该区域的四大板块之间存在着明显的空间关联和溢出效应，其中：期望内部关系比例=(板块内部省份个数-1)/(网络中所有省份个数-1)；实际内部关系比例=板块内部关系数/板块溢出关系总数。根据李敬、刘华军等关于空间板块的分类方法[①②]，统计得出：板块Ⅰ(8，26)和板块Ⅱ(12，40)的受益关系数及板块Ⅰ(2，73)和板块Ⅱ(0，63)的溢出关系数，可知这两个板块具有接收外部关系明显多于对外溢出关系的特征，属于"主受益"板块；板块Ⅲ(0，189)和板块Ⅳ(0，188)的受益关系数及板块Ⅲ(0，69)和板块Ⅳ(0，52)的溢出关系数，可知这两个板块对外发出关系明显多于接收的外部关系，属于"主溢出"板块。

表7-7 板块间的空间关联和溢出效应

板块	受益关系数 板块内	受益关系数 板块外	溢出关系数 板块内	溢出关系数 板块外	期望内部关系比例（%）	实际内部关系比例（%）	板块
Ⅰ	8	26	2	73	11.5	0.05	主受益
Ⅱ	12	40	0	63	11.5	0.05	
Ⅲ	0	189	0	69	34.6	14.4	主溢出
Ⅳ	0	188	0	52	30.8	17.3	

为进一步考查板块之间的关联关系，根据区域体育产业关联关系在板块之间的分布情况，计算各个板块的网络密度，以反映溢出效应在各板块中的分布情况，

---

① 李敬，陈澍，万广华，等. 中国区域经济增长的空间关联及其解释——基于网络分析方法[J]. 经济研究，2014，49（11）：4-16.
② 刘华军，刘传明，杨骞. 环境污染的空间溢出及其来源——基于网络分析视角的实证研究[J]. 经济学家，2015（10）：28-35.

统计得出表7-8。同时为解析成渝地区双城经济圈体育产业发展中板块之间关联关系的传导机制，需要将板块的密度矩阵转化为像矩阵。具体做法：已测算出成渝地区双城经济圈体育产业整个空间的网络密度为0.3048，在四个板块中，如果板块网络密度大于整体网络密度，则赋值为1，反之则赋值为0，由此得到关于四个板块的像矩阵，其中对角线代表块内部之间的联系程度，其他代表块与块之间的联系程度。通过像矩阵，可以了解到板块Ⅰ内部各城市之间的联系较强，与其他板块之间的联系也较强。板块Ⅱ内部各城市之间的联系较弱，但是与其他板块之间的联系较强。板块Ⅲ内部各城市之间的联系较弱且与板块Ⅳ的联系也较弱，仅与板块Ⅰ和板块Ⅱ有联系。板块Ⅳ内部各城市之间的联系较强，与板块Ⅰ和板块Ⅱ的联系也较强，但是与板块Ⅲ的联系较弱。通过分析可知，板块Ⅰ的联系程度是最好的，不管是板块内部城市的联系还是板块与板块之间的联系。板块Ⅲ的联系程度则是最差的，板块内部城市的联系较弱，与板块Ⅳ的联系也较弱。

表7-8 板块密度矩阵和像矩阵

	密度矩阵					像矩阵			
	Ⅰ	Ⅱ	Ⅲ	Ⅳ		Ⅰ	Ⅱ	Ⅲ	Ⅳ
Ⅰ	0.333	0.688	0.875	0.917	Ⅰ	1	1	1	1
Ⅱ	0.688	0	0.875	0.528	Ⅱ	1	0	1	1
Ⅲ	0.875	0.875	0.156	0.111	Ⅲ	1	1	0	0
Ⅳ	0.917	0.528	0.111	0.306	Ⅳ	1	1	0	1

7.7 本章小结

本章在分析成渝地区双城经济圈体育产业空间结构演变的基础上，引入引力模型和社会网络分析法对成渝地区双城经济圈体育产业一体化的空间结构进行实证分析。

首先，从成渝地区双城经济圈各城市发展水平演变、各城市 GDP 的空间分布特征、各城市体育产业总产值的空间分布探讨成渝地区双城经济圈体育产业的空间结构演变。体育产业总产值的空间分布是诠释区域集散的重要依据，有助于解释区域体育产业一体化发展的空间结构与分布特征。

其次，本章研究结合成渝地区双城经济圈的实际发展状况及体育产业的自身特征，并依据以往学者对于体育产业一体化发展空间结构的研究成果，对传统的引力模型进行修正，得到关于成渝地区双城经济圈内体育产业经济联系强度的实证模型，以分析区域内各城市体育产业特征。利用社会网络分析法，并使用 Ucinet 和 ArcGIS 软件对成渝地区双城经济圈体育产业一体化空间结构进行剖析，主要选择社会网络分析法中的整体网络结构特征、节点中心度特征、核心-边缘结构特征、块模型特征等对成渝地区双城经济圈体育产业空间关联网络结构进行分析。

再次，从成渝地区双城经济圈内各城市体育产业特征分析来看，区域内各城市体育产业的个体"质量"、空间联系总量具有空间分异和非均衡分布的特征，城市间体育产业空间联系分布呈现显著的等级特征。具体表现在以下三个方面。①成渝地区双城经济圈各城市体育产业质量及经济联系总量的特征分析。从体育产业质量来看，成都远远超过其他的城市，并且与其他城市差距较大，进一步说明成渝地区双城经济圈体育产业空间分布的不均衡。②成渝地区双城经济圈双核心的核心-边缘结构特征分析。在成渝地区双城经济圈体育产业一体化发展中，该区域的中心城市为重庆主城区及成都，由此形成了区域内双核心的空间形态。③成渝地区双城经济圈各城市间体育产业空间联系分布等级特征分析。当前成渝地区双城经济圈体育产业之间的空间联系相对较弱，主要依靠省会中心城市助力整体的发展，其余地级市自身能力不足且相对较弱；地级市之间的空间联系较少，带有明显的等级分化。

最后，从实证分析来看，成渝地区双城经济圈体育产业空间结构特征主要体现在以下三个方面。①呈现以成都-重庆主城区为中心的"双核心"网络空间结构。

虽然该区域存在空间关联和溢出效应，但从整体上可以看出其空间联系较弱，并且等级结构突出，网络稳定性也不足，其一体化进程尚处于最初级的发展阶段。②成都-重庆主城区在成渝地区双城经济圈体育产业一体化进程中是中心行动者，对其他城市间体育产业空间联系具有极强的控制能力，而其他城市则扮演着边缘行动者的角色；未来如果不能破除这种核心-边缘的空间结构关系，那么不平衡发展将是成渝地区双城经济圈体育产业发展的常态。③成渝地区双城经济圈体育产业空间聚类特征较为明显，形成了"主受益"和"主溢出"两大空间板块，但板块间体育产业发展的传导机制不畅，溢出效应和协同效应比较弱，区域内体育产业发展的"动力源"不足，尤其是"主受益"中的成都-重庆主城区其"虹吸效应"远大于"辐射效应"，中心城市带动作用和区域示范价值有待激发。

成渝地区双城经济圈体育产业协同发展研究 8

本章对成渝地区双城经济圈体育产业协同发展进行分析。成渝地区双城经济圈的规划范围涵盖了四川、重庆两省市的大部分区域，两省市的体育产业协同发展水平突出地反映了成渝地区双城经济圈体育产业的基本概况。因此，从研究的可行性出发，根据四川省、重庆市体育产业协同发展情况并借鉴前人研究，通过选取指标数据，借助复合系统协同度模型构建成渝地区双城经济圈体育产业协同发展评价指标体系，基于评价指标体系原始数据的收集及标准化处理，对四川、重庆两省市的体育产业子系统进行有序度分析，测算成渝地区双城经济圈体育产业协同度，以丰富成渝地区双城经济圈体育产业的协同发展研究。

8.1 协同度测算模型选取与构建

8.1.1 复合系统协同度模型相关研究

复合系统协同度模型最早由孟庆松和韩文秀于 1999 年提出[1]，并在 2000 年就使用"教育-经济-科技"复合系统对所构建的复合系统协同度模型测算结果的正确性及该模型的可操作性进行了验证，目前该模型在多个研究方向上大有用途。需要指出的是，关于复合系统协同度模型的研究，由于各个领域研究的差异，有的学者会使用复合系统协调度模型、协同效应模型等，不过所分析的内涵是相同

---

[1] 孟庆松，韩文秀. 复合系统整体协调度模型研究[J]. 河北师范大学学报（自然科学版），1999，23（2）：177-179，187.

的。基于相关文献的整理，结合这一模型的应用领域及学者研究经验，本书从宏观、中观和微观的角度对模型的研究进行阐述。

一是关于复合系统协同度模型在宏观角度的研究。陈欣等在研究江苏省、上海市、浙江省机场发展情况时，使用了更加详细地显现出整个复合系统发展状态的复合系统耦合协调发展度评价模型[1]。褚衍昌等在京津冀民航协同发展研究中，将整体的民航复合系统分为机场、空管、航空公司及外部环境四个子系统，各子系统间的特殊交叉关系能从整体的发展机制里显现[2]。塞令香等以粤港澳大湾区为研究对象，以复合系统协同度模型为基础，成功使用多维正态云模型探究出区域内各地科技创新水平差距及整体协同发展状况，在该研究中科技创新子系统有序度结果与多维正态云模型评价结果及排名顺序基本一致，该研究结合运用两种模型，优化了关于区域科技创新的研究方法，有效地弥补了之前评价存在的缺陷[3]。

二是关于复合系统协同度模型在中观角度的研究。赵延峰等对城市交通复合系统协调度模型进行了研究，该模型分为土地利用与城市交通两个子系统，研究反映了土地利用与城市交通系统协调发展的程度和趋势[4]。杜弼云等通过以产业、高校和研究机构为复合系统计算出产学研科技联盟创新系统的协同度，拓展了国内开展有关产学研合作的研究角度[5]。丁杰在系统协同理论的基础上，以治理主体、技术投入、管理机制和治理情境四个要素构建了水环境治理系统协同发展模型，拓展了复合系统协同度模型的应用范围，用定量的方法对中国水环境治理绩效进行了评价，证明了该模型的实用性与机动性[6]。

---

[1] 陈欣，王海燕，李军会，等. 长三角区域多机场复合系统耦合协调发展度评价研究[J]. 交通运输系统工程与信息，2014，14（3）：214-220.

[2] 褚衍昌，陈飞超，侯云燕. 基于复合系统协同度模型的京津冀民航协同发展研究[J]. 重庆交通大学学报（自然科学版），2020，39（10）：18-23.

[3] 塞令香，李辰曦，曹卓久. 粤港澳大湾区科技创新协同发展研究[J]. 管理现代化，2020，40（1）：16-20.

[4] 赵延峰，陈艳艳，罗铭. 城市交通复合系统协调度模型研究[J]. 道路交通与安全，2006，6（4）：31-33，45.

[5] 杜弼云，牛冲槐，牛彤. 我国中部六省产学研科技联盟创新系统协同度比较研究[J]. 管理现代化，2015，35（2）：105-107.

[6] 丁杰. 我国水环境治理要素的协同发展研究——基于复合系统协同度模型[J]. 生产力研究，2019（12）：114-118.

三是关于复合系统协同度模型在微观角度的研究。王维和张学鹏将复合系统协同度模型运用于企业自身成长方面的研究，并用实证研究了企业成长能力和成长绩效的复杂关系。将这两种不同的成长方式分别作为复合系统的两个子系统，结合灰色关联分析法，有利于具体分析复杂系统内部的复杂线性关系[①]。聂强和孙玉忠基于协同学序参量理论，将财务能力视为复合系统，选取盈利、偿债、营运、发展、现金流量作为子系统，建立了财务能力复合系统协同发展模型，为评价企业内部的财务能力提供了借鉴[②]。

8.1.2 协同度测算模型的选取

协同度是判定复合系统内部各子系统、要素由无序向有序结构的转化过程中达到和谐一致程度的指标[③][④]，当前研究中应用的协同度测算模型主要包括六种。

一是根据协同有序发展效度来剖析协同有序发展态势的灰色关联投影寻踪综合评价模型。吴丹和吴凤平综合运用该模型对各区域间流域水权的协同发展有序效度进行了测量[⑤]。

二是根据求得的协同熵信息量值来创造熵信息空间场，评价系统协同性的协同熵信息评价模型。宋华岭等在构建该模型的同时结合应用协同学和管理熵理论的基本原理，对企业系统协同性运行度量尺度建模等多方面进行了探索[⑥]。

三是以关联度大小来评估系统内因素之间的联系程度的灰色关联分析模型。刘思峰等从全新角度使用该模型对灰色相似关联度和灰色接近关联度进行探究和

[①] 王维，张学鹏. 企业成长能力与成长绩效协同关系研究——基于农业上市公司样本数据[J]. 财会通讯：综合（下），2013（6）：47-50.
[②] 聂强，孙玉忠. 企业财务能力复合系统协同发展模型构建[J]. 经济与社会发展研究，2019，17（4）：0135-0136.
[③] 王雪. 京津冀文化产业协同发展测度及影响因素研究[D]. 保定：河北大学，2020：22-30.
[④] 杜志平，区钰贤. 基于复合系统协同度模型的跨境物流联盟协同评价分析[J]. 供应链管理，2021，2（2）：100-111.
[⑤] 吴丹，吴凤平. 基于水权初始配置的区域协同发展效度评价[J]. 软科学，2011，25（2）：80-83.
[⑥] 宋华岭，温国锋，李金克，等. 基于信息度量的企业组织系统协同性评价[J]. 管理科学学报，2009，12（3）：22-36.

优化[1]。

四是由协同学理论创始人哈肯（Haken）提出的，通过辨认序参量来估量系统所处演化阶段的哈肯模型。李琳和刘莹将哈肯模型与势函数结合运用，成功评估出中国区域经济协同发展水平[2]。

五是根据投入产出效率反映协同水平的DEA（Data Envelopment Analysis，数据包络分析）模型。柯健和李超把资源、环境作为系统的输入，把经济增长作为输出，用系统的投入产出有效性来衡量协调发展程度，运用DEA模型计算出各决策单元的DEA相对效率值及相关变量，最后得到效率评价的分割点[3]。

六是通过求得各子系统的有序度及变化方向进而剖析复合系统协同程度的复合系统协同度模型。孟庆松和韩文秀基于系统理论和协同学理论建立起这一模型，以"教育-经济-科技"复合系统为例，先确定序参量及计算序参量的有序度，再求子系统的有序度，对这个整体复合系统协同度进行了测度[4]。

可以看出，评价的模型不同，选择的序参量、对比的角度和考虑的方向也就不同，选取方法的关键在于针对不同问题选择不同的模型。本书以成渝地区双城经济圈体育产业协同发展系统为研究对象，须运用模型测算出各子系统的有序化程度及其发展趋势，以对整个区域体育产业的整体协同程度进行解析。经比对发现，本书的研究选择复合系统协同度模型更加合适，这个模型可以通过集成相应序参量及细化要素指标实现对各子系统的有序程度的贡献，然后以子系统有序度为中间变量，以初始系统有序度为参考基准，计算得到复合系统整体的协同度。

---

[1] 刘思峰，谢乃明，JEFFERY F. 基于相似性和接近性视角的新型灰色关联分析模型[J]. 系统工程理论与实践，2010，30（5）：881-887.

[2] 李琳，刘莹. 中国区域经济协同发展的驱动因素——基于哈肯模型的分阶段实证研究[J]. 地理研究，2014，33（9）：1613-1616.

[3] 柯健，李超. 基于DEA聚类分析的中国各地区资源、环境与经济协调发展研究[J]. 中国软科学，2005，26（2）：144-148.

[4] 孟庆松，韩文秀. 复合系统协调度模型研究[J]. 天津大学学报（自然科学与工程技术版），2000，33（4）：444-446.

8.1.3 复合系统协同度模型的构建

1. 假定系统 G

假定系统 G 是一个由 m 个子系统 $\{G_1,G_2,\cdots,G_m\}$ 构成的复杂系统，其中 G_i 为第 i 个子系统，$i=1,2,\cdots,m$，并且 $G_i=\{G_{i1},G_{i2},\cdots,G_{im}\}$，即 G_m 又由"子子系统"或若干基本元素组成，G_m 的相互作用及其相互关系产生协同现象和协同效应，最终带来部分之和大于整体的效果，形成一个大的复合系统 G。本书把成渝地区双城经济圈体育产业整体认定为一个复合系统。复合系统用 $G=\{G_1,G_2,\cdots,G_m\}$ 表示，在成渝地区双城经济圈体育产业复合系统中，G_1、G_2 分别代表四川省体育产业子系统、重庆市体育产业子系统。

2. 序参量分量 u_{ij} 贡献值的定义

选择合适的序参量及细化的要素指标，量化其对系统的贡献程度，贡献常用功效函数（Efficacy Coefficient，EC）表示。子系统 G_i 的序参量分量为 u_{ij}，与序参量分量相对应的序参量变量对 u_{ij} 的总贡献可以通过 EC（u_{ij}）来实现，i 是子系统的下标，j 是子系统序参量的小标，u_{ij} 在系统中的实际表现值为 χ_{ij}（$i=1,2$；$j=1,2,\cdots,n$）。设系统演变过程中的序参量变量为 $u_{ij}(\chi_{i1},\chi_{i2},\cdots,\chi_{in})$，$n\geq 1$，$\alpha_{ij}\geq\chi_{ij}\geq\beta_{ij}$，$j\in[1,n]$，其中 α_{ij}、β_{ij} 为系统稳定临界点上序参量 χ_{ij} 的上下限。关于 α_{ij} 和 β_{ij} 的取值，本书参考项玉卿等及谷慎和岑磊的研究，分别取标准化后的各指标中数据最大值与最小值的110%[1][2]。不失一般性，假定前 v 个指标 $\chi_{i1},\chi_{i2},\cdots,\chi_{iv}$ 的取值越大，系统的有序程度越高，反之就越低，这一类指标就是正功效指标；后 $n-v$ 个指标 $\chi_{iv+1},\chi_{iv+2},\cdots,\chi_{in}$ 的取值越大，系统的有序程度越低，反之就越高，这一类指标则是负功效指标[3]。因此定义子系统 G_i 的序参量分量 u_{ij} 功效函数表达式为

---

[1] 项玉卿，聂雅，索贵彬. 基于知识链的制药产业协同创新研究——以我国医药制造业为例[J]. 科技进步与对策，2015，32（16）：57-62.
[2] 谷慎，岑磊. 基于协同论的我国金融业协调发展研究[J]. 管理现代化，2014，3（1）：3-5.
[3] 卞戈亚，陈康宁，黄莉. 河北省水资源-产业系统协同度分析[J]. 水利经济，2010，28（3）：17-20.

$$\mathrm{EC}(u_{ij}) = \begin{cases} \dfrac{\chi_{ij} - \beta_{ij}}{\alpha_{ij} - \beta_{ij}}, & j \in (1, v) \\ \dfrac{\alpha_{ij} - \chi_{ij}}{\alpha_{ij} - \beta_{ij}}, & j \in (v+1, n) \end{cases} \tag{8-1}$$

由式（8-1）可知，$\mathrm{EC}(u_{ij}) \in [0,1]$，其值越大，$u_{ij}$对系统有序发展的贡献值越大。

3. 序参量 u_i 的系统有序度的计算

整体而言，序参量 u_i 对系统 G_i 有序程度的总贡献可通过 $\mathrm{EC}(u_i)$ 的集成来实现，为更好地体现系统具体结构不同的组合形式且计算简捷，本书采用线性加权求和法进行处理：

$$\mathrm{EC}(u_i) = \sum_{j=1}^{m} \lambda_j \mathrm{EC}(u_{ij}), \lambda_j \geqslant 1, \sum_{j=1}^{m} \lambda_j = 1 \tag{8-2}$$

式中，系数 λ_j 为序参量 u_i 的权重系数。

4. 复合系统协同度的计算

假定初始时刻 T_0，各子区域体育产业系统序参量的系统有序度为 $\mu_i^0(\chi_i)$，$i = (1, 2, \cdots, m)$，对于在复合成渝地区双城经济圈体育产业系统发展演变中的时刻 T_1 而言，若此时各子区域体育产业系统序参量的系统有序度为 $\mu_i^1(\chi_i)$，$i = (1, 2, \cdots, m)$，则定义成渝地区双城经济圈体育产业系统从时刻 T_0 发展到时刻 T_1 的整体协同度 SD（Synergy Degree）[1][2]为

$$\mathrm{SD} = \theta \sum_i^m \delta_i \left[\left| \mu_i^1(\chi_i) - \mu_i^0(\chi_i) \right| \right] \tag{8-3}$$

$$\theta = \frac{\min\left[\mu_i^1(\chi_i) - \mu_i^0(\chi_i) \neq 0 \right]}{\left| \min\left[\mu_i^1(\chi_i) - \mu_i^0(\chi_i) \neq 0 \right] \right|}, \delta_i \geqslant 0, \sum_i^m \delta_i = 1, i = (1, 2, \cdots, m) \tag{8-4}$$

式中，SD 为系统整体协同状况；δ_i 为四川省、重庆市两地体育产业子系统的权重，

---

[1] 岳凤文. 京津冀体育赛事协同发展的测量与评价[D]. 天津：天津体育学院，2019：29-31.
[2] 王雪. 京津冀文化产业协同发展测度及影响因素研究[D]. 保定：河北大学，2020：22-24.

在本书中采用增加值的指标计算，即某子系统的权系数指该体育产业增加值所占四川省、重庆市体育产业增加值总和的比重。

参数 θ 的意义在于，当且仅当式（8-5）成立时，复合系统才处于协同演进状态：

$$\mu_i^1(\chi_i) - \mu_i^0(\chi_i) > 0, \forall i \in [1,m] \quad (8\text{-}5)$$

$\mu_i^1(\chi_i) - \mu_i^0(\chi_i)$ 衡量的是子区域体育产业系统 G_i 从 T_0 到 T_1 时间段序参量有序度的变化幅度，它表示系统 G_i 在这段时间内有序程度的变化。复合体育产业系统的整体协同度 $SD \in [-1,1]$，其取值越大，表明体育产业系统协同度越高，反之，则越低。当 $SD \in [-1,0]$ 时，说明在 T_0 到 T_1 时间段里复合体育产业系统处于非协同演进状况。

5. 指标的标准化处理及权重的确定

指标的标准化处理：因为指标的计量单位各不相同，直接用模型和公式进行计算会导致各指标的测量值相差悬殊，所以需要对不同单位的数据进行标准化处理。本书采用较常用的标准化处理方法——Z-score 标准化法。设 X_{ij} 为第 i 年第 j 项指标的数据（$i=1,2,\cdots,n; j=1,2,\cdots,q$），令 $\bar{X}_j$ 为第 j 项指标的样本均值，即

$$\bar{X}_j = \frac{1}{n}\sum_{i=1}^{n} X_{ij} \quad (8\text{-}6)$$

令 S_j 为第 j 项指标的样本标准差，即

$$S_j = \sqrt{\frac{1}{n-1}\sum_{i=1}^{n}\left(X_{ij} - \bar{X}_j\right)^2} \quad (8\text{-}7)$$

则标准化后的数据 Z_{ij} 为

$$Z_{ij} = \frac{X_{ij} - \bar{X}_j}{S_j} \quad (8\text{-}8)$$

根据上述的标准化处理方法，使用 SPSS 统计软件对每个指标的数据进行处理。

指标权重的确定：在使用线性加权求和法计算系统有序度时和对系统指标进行评价前，需要先明确各指标对应的权重，通过权重的确定，可以提高求解及评价结果的科学性和恰当性。当前，确定权重的方法主要使用主观赋权法和客观赋权法，排除人为的主观因素，本书对客观赋权法中的相关矩形法、熵值法、标准离差法、主成分分析法进行了比较，并参考郭显光[①]、王明涛[②]、王昆和宋海洲[③]的分析，认为相关矩阵赋权法既考虑了指标间的冲突性，又可以处理指标变异大小的影响，再结合体育产业系统发展特点，选取相关矩形法进行赋权。

相关矩阵赋权法认为指标相互之间的关系基本反映了其相互影响程度，相关关系的绝对值越大，说明指标相互之间的影响就越大，反之，则越小。假如某一个基础指标与指标体系中其他所有指标的总相关程度较高，那么说明该指标不但对其他指标的影响较大，而且在指标体系中发挥的作用也较大，故应赋予其相对较大的权重，反之，则应赋予其相对较小的权重。

假定指标体系中有 n 个指标，它们的相关矩阵 $\boldsymbol{Q}$ 为

$$\boldsymbol{Q} = \begin{bmatrix} q_{11} & q_{12} & \cdots & q_{1n} \\ q_{21} & q_{22} & \cdots & q_{2n} \\ \cdots & \cdots & \cdots & \cdots \\ q_{n1} & q_{n2} & \cdots & q_{nn} \end{bmatrix} \quad (8\text{-}9)$$

若令 $\boldsymbol{Q}_i = \sum_{j=1}^{n} |q_{ij}| - 1$，则 $\boldsymbol{Q}_i$ 体现的是第 i 个指标对指标体系中其余的（$n-1$）个指标的总体影响。如果 $\boldsymbol{Q}_i$ 较大，则说明第 i 个指标在整个指标体系中所发挥的作用较大，故权重也应该较大。因此，将 $\boldsymbol{Q}_i$ 归一化处理后，即可得到相应各指标的权重（ω）：

$$\omega_i = \frac{\boldsymbol{Q}_i}{\sum_{i=1}^{n} \boldsymbol{Q}_i}, i = 1, 2, \cdots, n \quad (8\text{-}10)$$

---

① 郭显光. 多指标综合评价中权数的确定[J]. 数量经济技术经济研究, 1989, 6 (11): 50-53, 82.
② 王明涛. 多指标综合评价中权系数确定的一种综合分析方法[J]. 系统工程, 1999, 4 (2): 56-61.
③ 王昆, 宋海洲. 三种客观权重赋权法的比较分析[J]. 技术经济与管理研究, 2003, 12 (6): 48-49.

8.2 成渝地区双城经济圈体育产业协同发展指标体系构建

8.2.1 指标选取原则与依据

测量指标的设计与选取在一定程度上影响着研究结果的准确性和有效性，因为复合系统的测量与评价过程较为复杂，所以需要根据成渝地区双城经济圈体育产业发展的实际情况，确立明确清晰的指标体系设计原则，构建科学合理的体育产业复合系统指标体系。指标体系的完整性、全面性、层次性将影响评价质量。目前，有关协同发展的评价指标丰富多样，但是有关体育产业协同发展的评价指标相对较少。本书在构建新的指标体系时遵循一定的选取原则与依据。具体的指标选取原则与依据如表8-1和表8-2所示。

表8-1 指标选取原则

原则	原则描述
科学性	指标要能够科学地分析出系统之间的协同状况，真实地反映出区域体育系统的协同发展情况和存在问题。指标的科学性如何，直接关系到分析的准确性和可靠性
系统性	区域体育产业系统本身是一个复杂的系统。系统性是指把区域体育产业系统视为一个开放的系统，其中的各子系统并不孤立。按照系统的特点选取指标，选出的指标应该能够全面地体现成渝地区双城经济圈体育产业的发展水平
数据可获得性	指标选取要考虑到数据的可获得性、获得数据的真实性、处理数据的简便易操作性，不能把难以收集或可以替代的数据列入其中。数据真实完整是测度区域体育产业协同发展水平的前提
特殊性	在构建区域体育产业系统协同发展水平指标体系时，应充分考虑区域体育产业系统相对于其他系统的特殊性，应该将这些特殊的指标纳入区域体育产业协同发展指标体系中
独立性	所构建的评价指标体系要保证相互独立，能够独立反映区域体育产业的发展水平，指标之间不能够相互替代，不能够出现重叠现象，有助于更好地提高评价的科学性与准确性

表 8-2 指标选取依据

依据	依据描述
协同发展情况	成渝地区双城经济圈体育产业协同发展是川渝地区协同发展的重要组成部分。因此，评价指标的建立不能脱离川渝地区实际，在指标选取上要契合川渝地区的人文、地理、经济及交通等一系列现实情况
学者研究经验	搜集整理大量协同度测量及产业指标体系的研究文献，可对体育产业领域指标的选取起到参考与借鉴的作用

8.2.2 评价指标体系的构建

以成渝地区双城经济圈体育产业协同发展情况及学者研究经验为指标选取的依据，以科学性、系统性、数据可获得性、特殊性、独立性为指标选取的原则，构建成渝地区双城经济圈体育产业协同发展评价指标体系（表 8-3）。该评价指标体系主要由序参量分量和衡量指标两个层次组成。

表 8-3 成渝地区双城经济圈体育产业协同发展评价指标体系

体育产业子系统	序参量分量	衡量指标	单位
i 地区体育产业系统（t=四川省、重庆市）	u_{i1} 市场水平	X_1 体育产业产值占 GDP 的比重	%
		X_2 体育产业总产值	亿元
		X_3 体育产业增加值	亿元
		X_4 体育彩票销售总额	亿元
	u_{i2} 发展基础	X_5 人均地区生产总值	亿元
		X_6 人均可支配收入	元
		X_7 人均体育场地面积	平方米
		X_8 体育及相关产业企业机构数	个
		X_9 体育产业从业人数	人
	u_{i3} 产业环境	X_{10} 地区生产总值	亿元
		X_{11} 体育产业法规政策数	个
		X_{12} 体育场地数量	万个

续表

体育产业子系统	序参量分量	衡量指标	单位
i 地区体育产业系统（i=四川省、重庆市）	u_{i4} 发展潜力	X_{13} 体育产业增加值年增长率	%
		X_{14} 从业人员在第三产业从业人员中的构成率	%
		X_{15} 增加值在第三产业增加值中的构成率	%

本书构建的成渝地区双城经济圈体育产业协同发展评价指标体系由四个方面组成，包含十五个衡量指标。

市场水平序参量分量包含四个衡量指标，市场水平能直接体现出体育产业消费市场拓展和规模化能力。体育产业产值占 GDP 的比重是体育产业发展水平的重要指标，体育产业总产值、体育产业增加值及体育彩票销售总额可体现体育产业发展规模。因此，选取体育产业产值占 GDP 的比重、体育产业总产值、体育产业增加值和体育彩票销售总额作为衡量指标。

发展基础序参量分量包含五个衡量指标，丰富的人、财、场地资源是发展体育产业的基础。因此，选取人均地区生产总值、人均可支配收入、人均体育场地面积、体育及相关产业企业机构数和体育产业从业人数作为衡量指标。

产业环境序参量分量包含三个衡量指标，体育产业环境主要包括经济环境、社会环境和自然环境。地区生产总值是衡量一个地区的经济状况的重要指标；体育产业法规政策数能够反映国家政府对体育产业的发展给予的重视程度及对体育产业的调控与规划程度；任何体育项目活动都需要体育场地设施来支撑。因此，选取地区生产总值、体育产业法规政策数和体育场地数量作为衡量指标。

发展潜力序参量分量包含三个衡量指标，发展潜力可以说明区域内体育产业发展的趋势，体现未来体育产业的发展。通过体育产业的总体增长率可以直接看出该产业的发展趋势和持续增长的能力。因此，选取体育产业增加值年增长率、从业人员在第三产业从业人员中的构成率和增加值在第三产业增加值中的构成率作为衡量指标。

8.3 基于复合系统协同度模型的成渝地区双城经济圈体育产业协同度测算与分析

8.3.1 数据收集与处理

1. 数据的收集

本书所运用的地区生产总值、人均地区生产总值和人均可支配收入来源于川渝地区统计局官方网站2016—2020年的统计年鉴，体育产业总产值、体育产业增加值、体育彩票销售总额、人均体育场地面积、体育及相关产业企业机构数、体育产业从业人数和体育场地数量来源于川渝地区体育局和人民政府官方网站，体育产业法规政策数、体育产业产值占GDP的比重、体育产业增加值年增长率、从业人员在第三产业从业人员中的构成率和增加值在第三产业增加值中的构成率是通过整理川渝地区人民政府、体育局及统计局等官方网站公开信息所得到的。

2. 数据的标准化

运用SPSS18.0统计软件处理原始基础数据，得到标准化数据（表8-4和表8-5）。

表8-4 数据标准化处理结果（1）

地区	时间(年)	X_1	X_2	X_3	X_4	X_5	X_6	X_7	X_8
G_1 四川省	2016	-0.9481	-1.0619	-0.8927	-0.8547	-1.2153	-1.1211	-0.9432	-0.8506
	2017	-0.7698	-0.6014	-0.4815	-0.8721	-0.3473	0.4155	-0.5529	-0.7325
	2018	0.7307	0.5790	-0.0296	0.7677	0.4799	0.3267	0.1626	0.2981
	2019	0.9872	1.0843	1.4037	0.9590	1.0827	1.2099	1.3335	1.2849

续表

地区	时间（年）	X₁	X₂	X₃	X₄	X₅	X₆	X₇	X₈
G₂ 重庆市	2016	-1.2623	-1.0822	-1.0828	-1.1342	-1.1900	-1.1290	-1.2351	-0.2327
	2017	-0.3283	-0.4464	-0.4601	-0.3317	-0.3085	-0.4126	-0.3423	1.0945
	2018	0.6662	0.2841	0.3103	0.2184	0.3214	0.3424	0.5506	0.3987
	2019	0.9245	1.2445	1.2327	1.2474	1.1771	1.1991	1.0268	-1.2605

表 8-5　数据标准化处理结果（2）

地区	时间（年）	X₉	X₁₀	X₁₁	X₁₂	X₁₃	X₁₄	X₁₅
G₁ 四川省	2016	-1.1225	-1.2122	0.4539	-1.0777	-0.8253	-1.1780	-0.7801
	2017	-0.3705	-0.3500	1.1802	-0.4027	1.4378	-0.3493	-0.9333
	2018	0.2523	0.4747	-0.6355	0.2014	-0.4853	0.3611	0.6947
	2019	1.2406	1.0875	-0.9986	1.2790	-0.1271	1.1662	1.0187
G₂ 重庆市	2016	0.6297	-1.1844	-0.5000	-1.1749	-0.8315	0.9255	-0.8759
	2017	0.7522	-0.3195	0.8333	-0.3741	-0.8262	0.5851	-0.2786
	2018	0.0450	0.3250	0.8333	0.4004	0.4738	-0.1809	1.4400
	2019	-1.4268	1.1788	-1.1667	1.1486	1.1839	-1.3298	-0.2855

3. 数据权重的确定

将标准化数据代入式（8-10），得到指标权重数值，如表 8-6 所示。

表 8-6　指标权重数值

体育产业子系统	序参量分量	权重	衡量指标	权重
i 地区体育产业系统（i=四川省、重庆市）	u_{i1} 市场水平	0.33	X₁ 体育产业产值占 GDP 的比重	0.2511
			X₂ 体育产业总产值	0.2539
			X₃ 体育产业增加值	0.2484
			X₄ 体育彩票销售总额	0.2466

续表

体育产业子系统	序参量分量	权重	衡量指标	权重
i 地区体育产业系统（i=四川省、重庆市）	u_{i2} 发展基础	0.32	X_5 人均地区生产总值	0.2603
			X_6 人均可支配收入	0.2614
			X_7 人均体育场地面积	0.2609
			X_8 体育及相关产业企业机构数	0.1321
			X_9 体育产业从业人数	0.0852
	u_{i3} 产业环境	0.23	X_{10} 地区生产总值	0.3913
			X_{11} 体育产业法规政策数	0.2165
			X_{12} 体育场地数量	0.3922
	u_{i4} 发展潜力	0.14	X_{13} 体育产业增加值年增长率	0.3342
			X_{14} 从业人员在第三产业从业人员中的构成率	0.1805
			X_{15} 增加值在第三产业增加值中的构成率	0.4853

8.3.2 测量结果与分析

1. 四川省体育产业子系统有序度分析

将四川省体育产业子系统中经标准化处理的数据代入式（8-1）后，得到各衡量指标的有序度贡献值。四川省体育产业子系统序参量分量中各衡量指标贡献值如表 8-7 和表 8-8 所示。

表 8-7 四川省体育产业子系统序参量分量中各衡量指标贡献值（1）

时间（年）	X_1	X_2	X_3	X_4	X_5	X_6	X_7	X_8
2016	0.0445	0.0450	0.0353	0.0519	0.0481	0.0437	0.0377	0.0362
2017	0.1283	0.2400	0.1981	0.0433	0.3914	0.3189	0.1935	0.0865
2018	0.8331	0.7400	0.3770	0.8574	0.7187	0.6084	0.4792	0.5252
2019	0.9536	0.9541	0.9444	0.9524	0.9572	0.9528	0.9468	0.9453

表 8-8 四川省体育产业子系统序参量分量中各衡量指标贡献值（2）

时间（年）	X_9	X_{10}	X_{11}	X_{12}	X_{13}	X_{14}	X_{15}
2016	0.0432	0.0479	0.6477	0.0416	0.0332	0.0457	0.1148
2017	0.3325	0.3888	0.9508	0.3019	0.9422	0.3671	0.0435
2018	0.5721	0.7147	0.1932	0.5350	0.1697	0.6426	0.8017
2019	0.9523	0.9570	0.0417	0.9507	0.3136	0.9548	0.9526

（1）序参量分量市场水平（u_{i1}）对四川省体育产业子系统有序度的影响：从图 8-1 中可以看出，体育产业产值占 GDP 的比重、体育产业总产值、体育产业增加值及体育彩票销售总额四个指标贡献值都呈现出上升的发展趋势，但这四个指标贡献值的增长略有不同。体育产业总产值指标增长相较平稳，在 2018 年以前其贡献值一直高于其他三个指标；其次是体育产业增加值指标，该指标贡献值在 2016—2018 年保持着平稳的增长，但增长速度相较缓慢，故在 2018 年其贡献值低于其他三个指标，2018 年后其贡献值增长速度增加与其他指标持平。体育产业产值占 GDP 的比重指标和体育彩票销售总额指标的贡献值增长中有相似的大波动，其中体育彩票销售总额指标的波动相较更明显，整体呈现出反"Z"字形状，2016—2017 年其贡献值小幅下降，在 2017 年以后其贡献值呈快速增长模式。原因在于国家为了发展体育彩票，处理体育彩票存在的问题，出台了《体育彩票发展"十三五"规划》，政府重视体育彩票业的规划发展，加强体育行政部门对体育彩票工作的领导，体育彩票发售规模进一步扩大，使得体育彩票销售总额指标对系统的贡献值飞速增长。体育产业产值占 GDP 的比重指标在 2017 年以前贡献值略低，这期间四川省政府提高对体育产业发展的重视，虽发展速度较快，但占该地区生产总值比重较少，2017 年以后随着社会、政府对体育产业重视度愈加，体育产业呈现出高速增长的趋势。

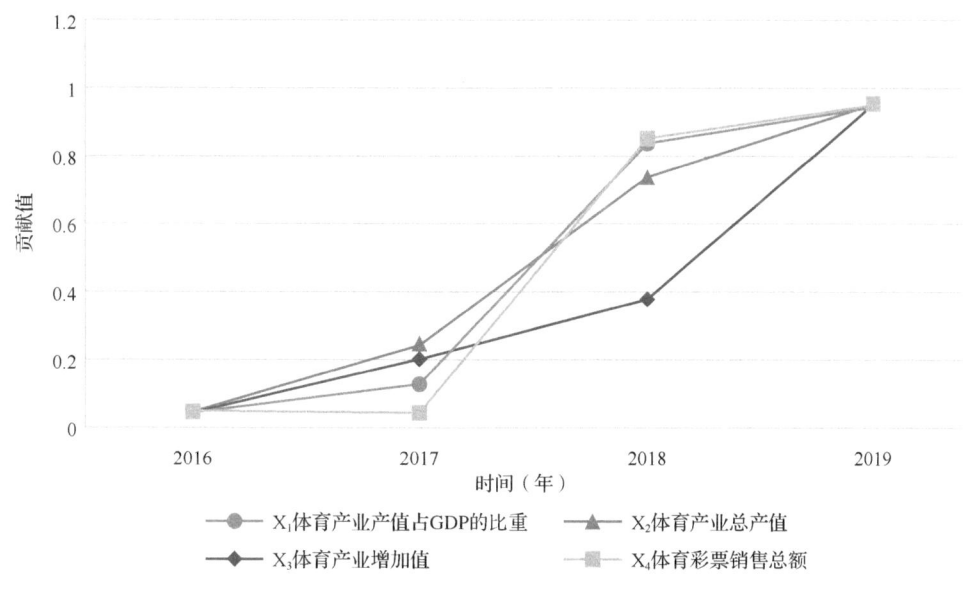

图 8-1　2016—2019 年四川省体育产业子系统序参量分量市场水平贡献值

（2）序参量分量发展基础（u_{i2}）对四川省体育产业子系统有序度的影响：从图 8-2 中可以看出，序参量分量发展基础中各指标贡献值都呈现出上升的发展趋势。人均地区生产总值指标、人均可支配收入指标和体育产业从业人数指标的贡献率增长速度相似，人均地区生产总值指标始终高于其他四个指标，因为居民的经济水平在逐年提高。人均体育场地面积指标贡献值增长速度不平稳，是因为虽然四川省加快了体育基础场地设施的建设步伐，但省内人口也在不断增长，导致不能够满足每个人的体育场地需求。体育及相关产业企业机构数指标贡献值在开始阶段增长速度缓慢，是因为彼时四川省体育产业刚开始建立现代体育市场服务体系，进一步推进体育产业与互联网融合发展，探索体育产业新格局发展，故体育及相关产业企业机构数增长缓慢，导致该指标贡献值较低，2017 年之后随着体育"双创"热情不断高涨等，体育产业主体不断壮大，使得体育及相关产业企业机构数指标对系统的贡献值不断增长。

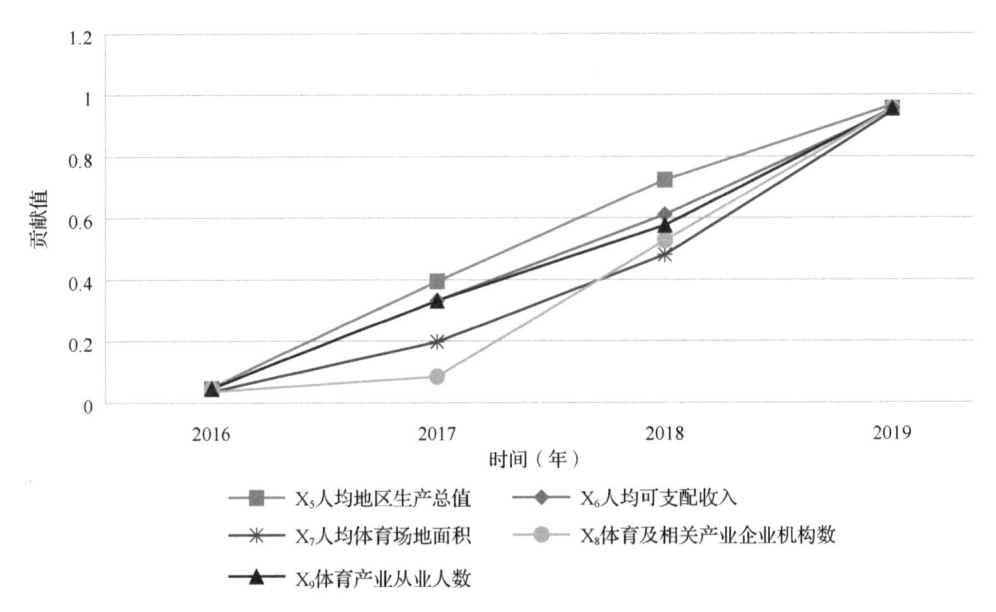

图 8-2 2016—2019 年四川省体育产业子系统序参量分量发展基础贡献值

（3）序参量分量产业环境（u_{i3}）对四川省体育产业子系统有序度的影响：从图 8-3 中可以看出，体育产业法规政策数指标贡献值与地区生产总值指标、体育场地数量指标贡献值的发展趋势有所不同。原因在于 2014—2016 年我国体育产业政策实施了重要的战略调整，国家出台了一系列对于体育产业发展来说较为重要且具有较强引领性的政策文件，四川省政府积极落实并结合实际，相继印发了一系列关于体育产业发展规划的文件，使得体育产业法规政策数指标贡献值在 2017 年以前高于其他两个指标。政策文件中有相应年限的规划，因此在 2017 年之后体育产业法规政策数指标贡献值有所下降。由于四川省经济水平在不断提高，体育场地设施在不断修建，地区生产总值指标和体育场地数量指标贡献值呈现出平稳且快速的增长趋势。

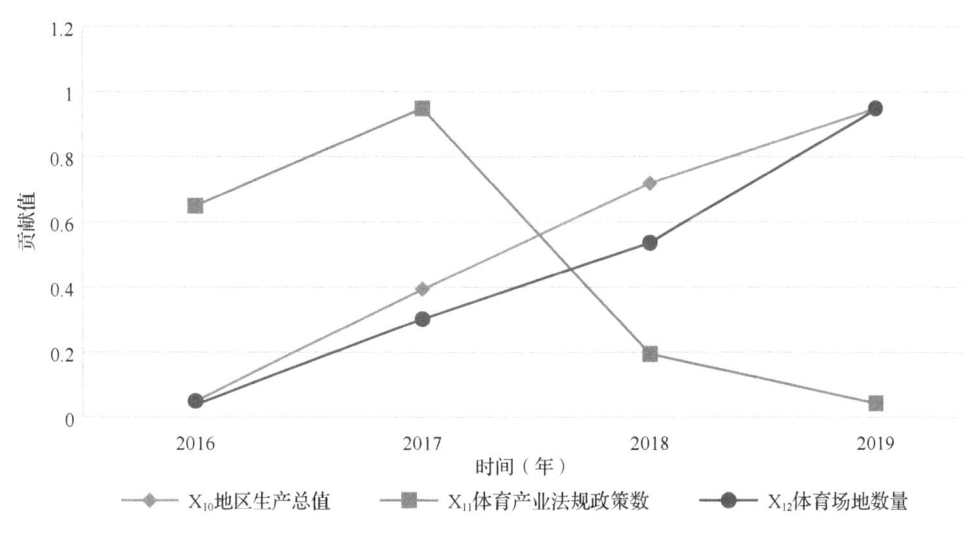

图 8-3　2016—2019 年四川省体育产业子系统序参量分量产业环境贡献值

（4）序参量分量发展潜力（u_{i4}）对四川省体育产业子系统有序度的影响：从图 8-4 中可以看出，体育产业增加值年增长率指标、从业人员在第三产业从业人员中的构成率指标和增加值在第三产业增加值中的构成率指标贡献值发展趋势大有不同，其中从业人员在第三产业从业人员中的构成率指标贡献度增长趋势比较稳定。2014—2016 年，国家出台一系列关于体育产业发展规划的政策文件后，社会对体育产业的关注度居高不下，在教育层面加大了对体育产业人才的培养，体育产业从业人员在数量和质量方面大幅度提高，使得从业人员在第三产业从业人员中的构成率指标贡献率增长速度一直处于较高水平。2016 年，四川省积极推动省内体育产业发展，体育产业增加值年增长率指标贡献值获得明显增长，在 2017 年以后省内体育产业开始平稳发展，体育产业增加值年增长率指标贡献值增长速度便相较降低。2016 年，四川省内体育产业加速发展的同时省内第三产业高速增长，因此增加值在第三产业增加值中的构成率指标贡献值呈现出先降低后增长的趋势。

— X_{13} 体育产业增加值年增长率
— X_{14} 从业人员在第三产业从业人员中的构成率
— X_{15} 增加值在第三产业增加值中的构成率

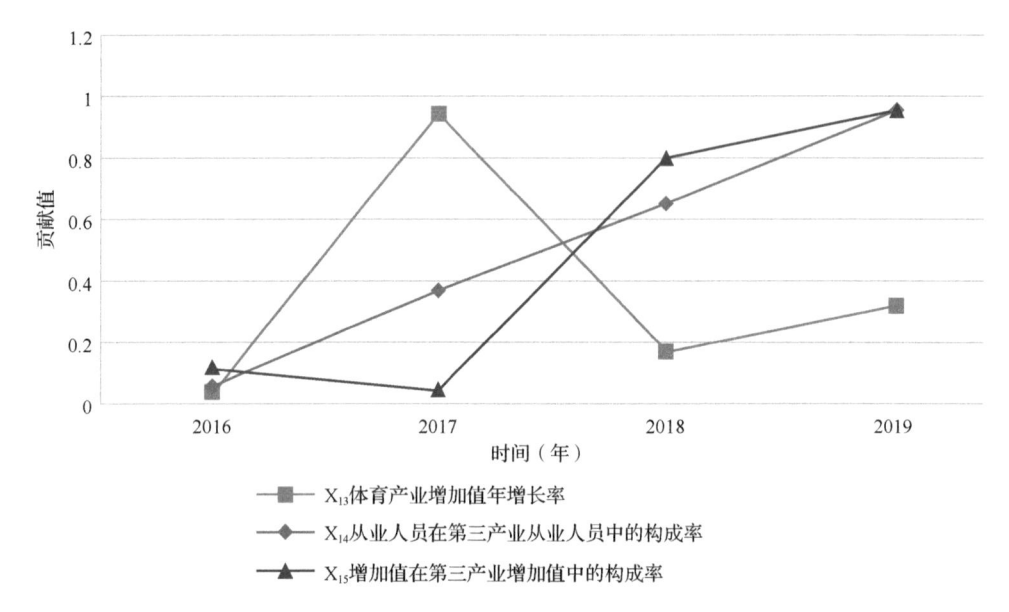

图 8-4　2016—2019 年四川省体育产业子系统序参量分量发展潜力贡献值

将四川省体育产业子系统各序参量分量所对应的衡量指标有序度贡献值代入式（8-2），分别计算出序参量分量市场水平、发展基础、产业环境、发展潜力的有序度。通过对序参量分量进行集成得到四川省体育产业子系统的有序度，如表 8-9 所示。

表 8-9　四川省体育产业子系统的有序度

时间（年）	市场水平	发展基础	产业环境	发展潜力	子系统有序度
2016	0.0442	0.0422	0.1753	0.0750	0.0752
2017	0.1530	0.2755	0.4764	0.4022	0.2984
2018	0.7022	0.5893	0.5313	0.5618	0.5998
2019	0.9511	0.9512	0.7563	0.7394	0.8690

根据表 8-9 可以看出，四川省体育产业子系统的有序度整体呈上升的趋势，处于有序发展的状态。从序参量分量来说，各序参量分量有序度增长均较为稳定且高效，其中四川省体育产业子系统在市场水平、发展基础两个方面的有序度贡

献比较明显,说明四川省在市场水平和发展基础方面发展比较好,要想提高四川省体育产业子系统的有序度,从产业环境、发展潜力两个方面进行提升效果较好。

2. 重庆市体育产业子系统有序度分析

将重庆市体育产业子系统中经标准化处理的数据代入式(8-1)后,得到各衡量指标的有序度贡献值。重庆市体育产业子系统序参量分量中各衡量指标贡献值如表 8-10 和表 8-11 所示。

表8-10 重庆市体育产业子系统序参量分量中各衡量指标贡献值(1)

时间(年)	X_1	X_2	X_3	X_4	X_5	X_6	X_7	X_8
2016	0.0525	0.0423	0.0425	0.0433	0.0457	0.0441	0.0496	0.4454
2017	0.4408	0.2907	0.2870	0.3496	0.3842	0.3238	0.4085	0.9578
2018	0.8542	0.5761	0.5895	0.5596	0.6261	0.6186	0.7673	0.6892
2019	0.9616	0.9514	0.9516	0.9524	0.9548	0.9532	0.9587	0.0487

表8-11 重庆市体育产业子系统序参量分量中各衡量指标贡献值(2)

时间(年)	X_9	X_{10}	X_{11}	X_{12}	X_{13}	X_{14}	X_{15}
2016	0.9175	0.0456	0.3561	0.0460	0.0375	0.9627	0.0344
2017	0.9686	0.3783	0.9621	0.3593	0.0399	0.8255	0.2688
2018	0.6736	0.6262	0.9621	0.6623	0.6263	0.5167	0.9435
2019	0.0595	0.9547	0.0530	0.9551	0.9466	0.0536	0.2662

(1)序参量分量市场水平对重庆市体育产业子系统有序度的影响:从图 8-5 中可以看出,体育产业产值占 GDP 的比重、体育产业总产值、体育产业增加值及体育彩票销售总额四个指标都呈现出不断增长的发展趋势。体育产业总产值指标、体育产业增加值指标和体育彩票销售总额指标贡献值高度接近,体育产业总产值指标与体育产业增加值指标贡献值基本重合,四年间这三个指标的贡献值一直保

持着稳定的增长趋势。因为重庆市体育产业发展在不断完善中,并且市内体育产业发展水平在不断提升中,所以体育产业产值占 GDP 的比重指标贡献值增长幅度略有波动。

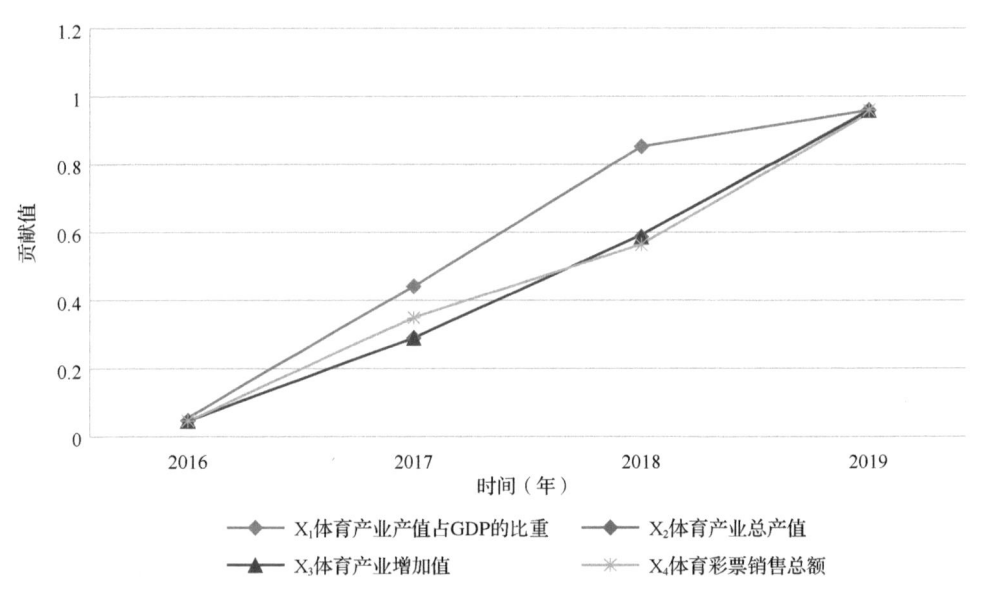

图 8-5　2016—2019 年重庆市体育产业子系统序参量分量市场水平贡献值

(2) 序参量分量发展基础对重庆市体育产业子系统有序度的影响：从图 8-6 中可以看出,人均地区生产总值、人均可支配收入、人均体育场地面积、体育及相关产业企业机构数和体育产业从业人数五个指标贡献值呈现出各不相同的趋势。人均地区生产总值指标、人均可支配收入指标和人均体育场地面积指标的贡献值呈现出不断增长的发展趋势,并且这三个指标贡献值增长速度基本相似,进一步说明了重庆市居民经济水平的提升。体育及相关产业企业机构数指标和体育产业从业人数指标的贡献值出现较大的波动,二者均整体呈抛物线型。2017—2019 年贡献值持续下降到 0.05,原因在于,2018 年重庆市体育局对市内体育企业及相关人员进行了改革工作,导致体育及相关产业企业机构数指标和体育产业从业人数指标的贡献值下降并处于较低水平。

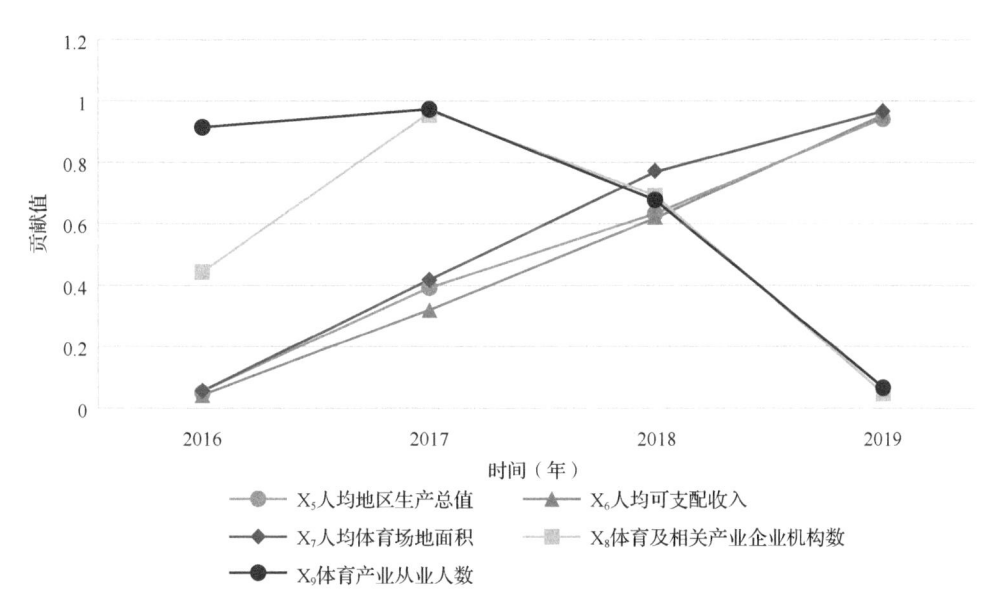

图 8-6 2016—2019 年重庆市体育产业子系统序参量分量发展基础贡献值

(3) 序参量分量产业环境对重庆市体育产业子系统有序度的影响：从图 8-7

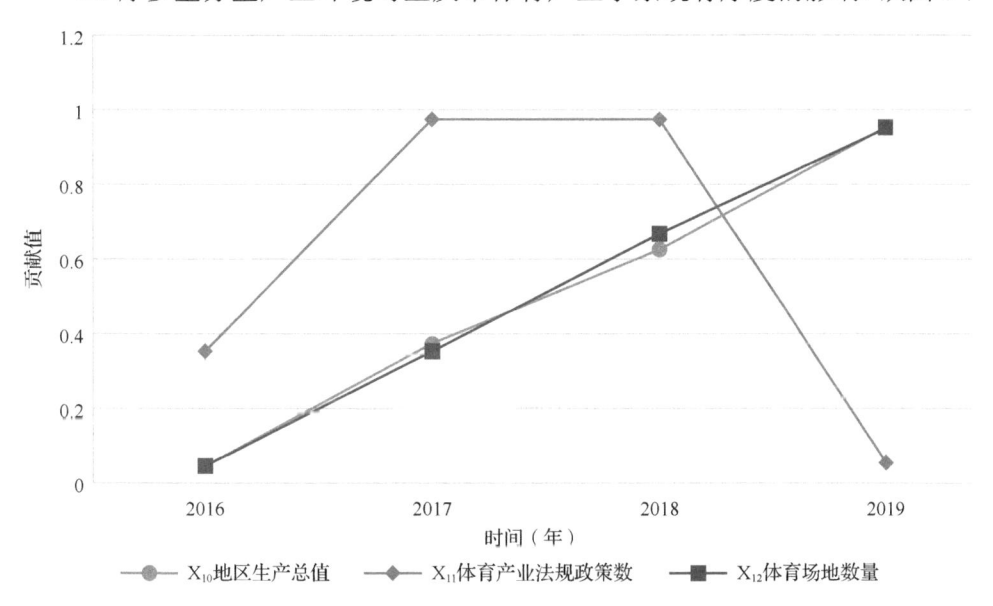

图 8-7 2016—2019 年重庆市体育产业子系统序参量分量产业环境贡献值

中可以看出，地区生产总值、体育产业法规政策数及体育场地数量三个指标贡献值的增长趋势有所区别。地区生产总值指标和体育场地数量指标的贡献值在2016—2019年间保持着稳定且迅速的增长趋势。体育产业法规政策数指标贡献值表现出较大的波动，整体呈梯形形状，原因在于，2014—2016年国家出台了大量关于体育产业发展规划的政策文件后，重庆市结合市内实际陆续印发了推进市内体育产业发展的实施意见，使得该指标贡献值在这段时间的增长速度加快，因为有些政策文件中包含一定期限的规划，所以体育产业法规政策数指标贡献值在这之后下降。

（4）序参量分量发展潜力对重庆市体育产业子系统有序度的影响：从图8-8中可以看出，体育产业增加值年增长率、从业人员在第三产业从业人员中的构成率和增加值在第三产业增加值中的构成率三个指标的贡献值呈现出不同的发展趋势。体育产业增加值年增长率指标贡献值表现出不同程度的增长趋势，重庆市体育产业在不断发展，故体育产业生产活动创造的增加值在不断增加，而在2017年市内第三产业增加值大幅度增长，使得体育产业增加值年增长率指标贡献值呈

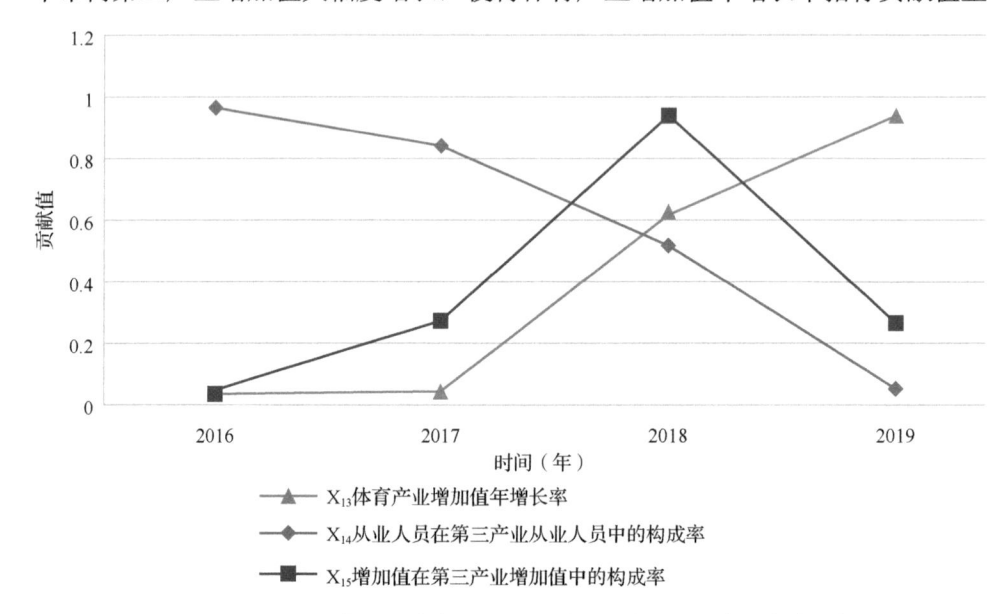

图8-8　2016—2019年重庆市体育产业子系统序参量分量发展潜力贡献值

现出不断增长的发展趋势，而增加值在第三产业增加值中的构成率指标贡献值在最后下降至较低水平。从业人员在第三产业从业人员中的构成率指标贡献值整体呈现出下降趋势，这是因为重庆市体育局在这期间进行了企业及相关人员的改革工作后，体育产业从业人员有所波动。

将重庆市体育产业子系统各序参量分量所对应的衡量指标有序度贡献值代入式（8-2），分别计算出序参量分量市场水平、发展基础、产业环境、发展潜力的有序度。通过对序参量分量进行集成得到重庆市体育产业子系统的有序度，如表 8-12 所示。

表 8-12　重庆市体育产业子系统的有序度

时间（年）	市场水平	发展基础	产业环境	发展潜力	子系统有序度
2016	0.0451	0.1734	0.1129	0.2030	0.1262
2017	0.3420	0.5003	0.4972	0.2928	0.4176
2018	0.6452	0.6733	0.7131	0.7605	0.6799
2019	0.9542	0.7593	0.7596	0.4552	0.7627

根据表 8-12 可以看出，重庆市体育产业发展朝着有序进程演变，整体子系统有序度增长较为稳定。四个序参量分量中占比较大的是市场水平，其有序发展稳定，是支撑重庆市体育产业有序发展的中坚力量，发展基础和产业环境占比次之，占比最低的是发展潜力，其内部的有序变化相较不稳定，可以说，在某种程度上可能因为其自身有序发展的不稳定对同时期子系统的有序发展有一定的抑制作用。因此，要想提高重庆市体育产业子系统的有序度，应该主要在发展潜力方面提升，效果会比较明显。

8.3.3　成渝地区双城经济圈体育产业系统协同度分析

计算得出的四川省、重庆市体育产业子系统有序度，代表了成渝地区双城经济圈各体育产业子系统的发展水平，从中可以发现各子系统的有序度从 2016 年开始已经为正值，成渝地区双城经济圈体育产业系统便处于协同状态，因此本书选取 2016 年为基准日期，以表 8-13 所示的权重系数来计算成渝地区双城经济圈体育产业系统的协同度。根据所建立的体育产业协同度测量模型，将四川省、重庆市体育产业子系统的有序度代入式（8-3），计算出每年成渝地区双城经济圈体育产业系统的协同度，如表 8-14 所示。

表 8-13　成渝地区双城经济圈体育产业子系统的权重系数

时间（年）	四川省	重庆市
2017	0.69	0.31
2018	0.69	0.31
2019	0.74	0.26

表 8-14　成渝地区双城经济圈体育产业系统的协同度

时间（年）	四川省	重庆市	SD
2016	0.0752	0.1262	—
2017	0.2984	0.4176	0.2317
2018	0.5998	0.6799	0.5209
2019	0.8690	0.7627	0.7419

复合系统的协同度等级划分和评判标准确定是对协同发展状态进行评价的关键一步。本书根据学术界公认的协同度划分标准将协同度划分为七个等级，具体如表 8-15 所示。

表 8-15　成渝地区双城经济圈体育产业协同发展水平等级划分

等级范围	[-1,-0.6]	[-0.6,-0.3]	[-0.3,0]	[0,0.3]	[0.3,0.6]	[0.6,0.8]	[0.8,1]
协同评价	极其不协同	不协同	轻度不协同	弱协同	基本协同	良好协同	高度协同

结合表 8-14 的数据和表 8-15 的等级划分，可以看出自 2017 年起成渝地区双城经济圈体育产业系统协同度均为正值，并且不断提升，呈现出良好的发展态势，这说明 2016—2019 年，成渝地区双城经济圈体育产业系统整体处于协同状态。2017 年，两个系统间的协同度较差，其中重庆市体育产业子系统有序发展速度明

显减慢，整体处于弱协同水平。2018年，两地体育产业的整体协同发展程度明显上升，2018年系统协同度较2017年系统协同度增长近56%，系统处于基本协同水平。2019年，重庆市发展潜力贡献值大幅度降低造成系统协同度增长速度降低，但较2018年增长约30%，系统处于良好协同水平。

协同度水平在计算期内的发展趋势和水平说明了成渝地区双城经济圈体育产业目前协同发展情况良好，虽然各区域子系统发展水平不一，但是总体相互协调合作，表现出了较好的发展效率，有着良好的发展前景，但与高度协同水平还有一点距离。这说明成渝地区双城经济圈体育产业的协同发展还有一定的空间，应该加大成渝地区双城经济圈体育产业的整合力度，不仅要关注体育产业的市场水平，还要培育良好的产业发展环境及注重发展潜力的提高，加强合作，进一步提升成渝地区双城经济圈体育产业协同发展水平。

8.4 本章小结

本章以成渝地区双城经济圈体育产业协同发展为出发点，以成渝地区双城经济圈体育产业协同发展情况及学者研究经验为指标选取的依据，以科学性、系统性、数据可获得性、特殊性和独立性为指标选取的原则。从市场水平、发展基础、产业环境及发展潜力四个层面构建成渝地区双城经济圈体育产业协同发展水平的评价指标体系，先进行评价指标体系数据的收集和处理，再运用相关矩阵赋权法对这些指标进行权重赋值，使用复合系统协同度模型对成渝地区双城经济圈的体育产业协同度进行测算，研究结果如下。

（1）四川省、重庆市体育产业子系统有序度发展不均衡，但水平相对较高，四川省体育产业子系统有序度水平稍高于重庆市体育产业子系统有序度水平。成渝地区双城经济圈体育产业复合系统协同度从弱协同逐步稳定发展到良好协同，体育产业协同发展水平良好，还未达到高度协同状态。但是，应该看到成渝地区双城经济圈体育产业的协同发展还有一定的空间，应该加大成渝地区双城经济圈体育产业的整合力度，进一步提升成渝地区双城经济圈体育产业协同发展水平。

（2）就体育产业的市场水平而言，四川省与重庆市的体育产业市场水平均呈现出持续增长的良好发展态势，处于有序发展状态，但是作为衡量体育产业市场水平的重要指标，成渝地区双城经济圈体育产业产值占 GDP 的比重指标的增长速度减缓明显。

（3）就体育产业的发展基础而言，成渝地区双城经济圈的人均体育场地面积与国家标准存在一定距离，体育场地基础设施不足以满足区域内居民的体育运动需求，这一问题在一定程度上阻碍了成渝地区双城经济圈体育产业的协同发展。

（4）就体育产业的产业环境而言，四川、重庆两省市体育产业政策存在体育产业法规滞后、体育产业配套政策不足等问题，应当更加注重对体育产业发展的引导与规划。

（5）就体育产业的发展潜力而言，成渝地区双城经济圈体育产业发展中存在体育产业从业人员人数下降、体育产业专业人才缺乏的问题，应该加快对体育产业专业人才的培养与引进。

成渝地区双城经济圈体育产业一体化水平测度研究 9

本章主要进行成渝地区双城经济圈体育产业一体化水平测度研究。通过采用一体化测度方法中的相对价格法，选取成渝地区双城经济圈体育产业的相关面板数据对成渝地区双城经济圈体育市场、发展水平、发展演变进行测量，从客观上揭示成渝地区双城经济圈体育产业一体化的发展特征，针对成渝地区双城经济圈体育产业一体化发展所呈现的问题，提出成渝地区双城经济圈体育产业发展的新思路，以推动成渝地区双城经济圈体育产业一体化发展。

9.1 一体化测度理论模型

冰山成本模型是用来测度市场一体化程度的相对价格法的理论基础[1]。冰山成本模型的主要观点为，在实际的市场交易中存在着交易成本从而导致不同地区的商品在进行交易时出现不规律的价格波动，在此思想理论的基础上就可以推断出不同地区之间商品交易时的价格波动能够在一定程度上反映出不同地区之间市场及产业的一体化状况。当前，国内在对区域经济一体化测度的实证分析中主要依据零售商品的价格指数计算相对价格方差 Var 的大小变化，从而得出市场一体化的发展程度，若 Var 随时间的推移逐渐缩小，则表示市场一体化良性发展。在进行市场一体化水平测度时会使用三维面板数据，即 t-m-k（t 代表时间，m 代表地区，k 代表商品）。在使用三维面板数据计算方差时存在两种方法：跨时间方差和

---

[1] 马金秋，赵秋运，孙博文，等. 京津冀对内开放的协同研究[J]. 开放经济研究，2018（1）：129-153.

跨产品方差。因为政府统计数据中体育类商品的零售价格只有体育娱乐用品做了价格统计，所以本书选择跨时间方差。为了最大程度地弥补其缺乏动态分析的缺点，本书在跨时间方差的基础上进行了时间的阶段性处理。

9.2　一体化测度方法

通过回顾大量区域市场相关研究的核心期刊、硕博论文，有关长三角、京津冀经济一体化测度的高质量文章屡见不鲜，但是在国内无论是区域发展成熟的长三角还是京津冀，与其相关的一体化研究聚焦于某个产业的一体化测算都比较少见，成渝地区双城经济圈体育产业的一体化测度研究更是寥寥无几。区域一体化测度已经是现今国内外研究的热点话题，在测度方法和指标的选择上存在差异。在指标评价方面主要采用层次分析法、主成分分析法等，测算市场一体化程度则是通过价格法、贸易流通法等。拥有一致的体育市场是区域体育产业一体化能够实现的重要影响因素[1]，通过测算成渝地区双城经济圈体育市场的分割程度可以真实地反映出其体育产业一体化发展的状况。桂琦寒等最早使用相对价格法来分析我国商品市场整合所达到的程度，通过研究认为商品和要素的每个流动都会促使商品的价格出现趋同的趋势，由此可见，商品市场整合所达到的程度能够反映出市场的一体化水平[2]。在成渝地区双城经济圈体育市场统计数据不全面的客观因素限制之下，相对价格法是对其进行体育市场一体化测度的较为有效的方法。

本书采用跨时间方差的一阶差分形式的相对价格法来测算体育市场的一体化，其具体计算公式为

$$\Delta Q_{ijt}^{k} = \ln(p_{it}^{k}/p_{jt}^{k}) - \ln(p_{it-1}^{k}/p_{jt-1}^{k}) = \ln(p_{it}^{k}/p_{it-1}^{k}) - \ln(p_{jt}^{k}/p_{jt-1}^{k}) \quad (9\text{-}1)$$

---

[1] 陈甫军，丛子薇. 更好发挥政府在区域市场一体化中的作用[J]. 财贸经济，2017，38（2）：5-19.
[2] 桂琦寒，陈敏，陆铭，等. 中国国内商品市场趋于分割还是整合：基于相对价格法的分析[J]. 世界经济，2006，29（2）：20-30.

式中，ΔQ_{ijt}^k 为商品零售价格比的自然对数；p_{it}^k / p_{it-1}^k 为商品零售价格的环比指数；i、j 为两个地区。

测度体育市场一体化主要有五个步骤。

（1）利用从统计局官网收集的商品零售价格分类指数来构建三维面板数据。统计年鉴中的商品价格分类指数记作：

$$p_{it}^k / p_{it-1}^k 、\quad p_{jt}^k / p_{jt-1}^k$$

（2）得到商品零售价格分类指数的对数：

$$\ln(p_{it}^k / p_{it-1}^k) \text{ 或 } \ln(p_{jt}^k / p_{jt-1}^k)$$

（3）计算一阶差分的相对价格：

$$\Delta Q_{ijt}^k = \ln(p_{it}^k / p_{jt}^k) - \ln(p_{it-1}^k / p_{jt-1}^k)$$

（4）计算相对价格的绝对值：

$$\left| \Delta Q_{ijt}^k \right|$$

（5）通过去均值剔除商品本身的特征及非市场因素引发的相对价格：

$$q_{ijt}^k = \left| \Delta Q_{ijt}^k \right| - \overline{\left| \Delta Q_{ijt}^k \right|} = \left(a^k - a^{-k} \right) + \left(\varepsilon_{jit}^k - \overline{\varepsilon}_{jit}^k \right)$$

（6）计算方差：

$$\text{Var}(q_{i,jt}^k)$$

9.3 数据收集与处理

本书主要通过使用成渝地区双城经济圈中成都市、重庆市及四川省统计年鉴所统计的商品零售价格分类指数表中"体育娱乐用品"数据，因为经济圈内其他地区体育产业的数据严重缺失，所以本书用文体娱乐业的数据进行了替代，构建2010—2019年共十年成都市、重庆市及四川省体育商品价格的面板数据。数据选择的原则：选择成都市、重庆市及四川省的体育娱乐用品商品价格指数来测度成渝地区双城经济圈体育产业的一体化水平。

（1）数据的存在性。成都市和重庆市是历年都将体育娱乐用品商品价格指数统计在册的成渝地区双城经济圈范围内的城市，成都市与重庆市之外的其他市（区）数据存在缺失，因此采用了四川省全省的体育娱乐用品商品价格指数作为补充，由此可以推测四川省除成都市外的其他地区与重庆市的一体化程度。

（2）数据的代表性。成都市和重庆市是成渝地区双城经济圈的中心城市，是成渝地区双城经济圈体育产业发展的"领头羊"，区域发展政策的落实往往会首先对中心城市的发展产生明显的影响，同时中心城市代表着区域一体化发展的最新变化。

（3）数据的有效力。体育娱乐用品主要归属于体育用品制造业，根据体育用品的特点和用途可以分为健身器材、校园体育器材、运动护具、运动服饰、户外运动休闲用品、竞赛项目用品、体育场馆等。随着体育产业结构的优化，当前体育娱乐用品不但包括有形的传统体育用品，而且包括体育赛事门票、健身指导、体育培训等无形的体育用品，体现的是体育传统制造业和体育服务业的结合。因此，在有关体育商品价格统计不足的客观条件制约下，选择并收集体育娱乐用品商品价格指数作为研究的数据具有合理性和解释力。

为了进一步体现成渝地区双城经济圈体育产业一体化发展进程，笔者做出两个方面的努力。一方面，笔者测算了同时期成渝地区双城经济圈经济的一体化发展水平，鉴于陈甬军、桂琦寒等学者研究成果中所采用的方法，本书选取了食品、服装鞋帽、饮料酒水等九类数据构建测算经济市场一体化的面板数据。另一方面，为了呈现2010—2019年十年间成渝地区双城经济圈体育市场一体化的动态演变，笔者首先计算2010—2019年十年间每年成都市、重庆市、四川省的体育娱乐用品价格方差并绘制图表进行综合分析;其次将其划分为 T(2010—2019 年)、T1(2010—2014 年)、T2(2015—2019 年)三个时间段,并与经济一体化指数形成对比进行综合分析,划分依据为,本书以《成渝经济区区域规划》被批复为起点,以 2015 年两地工作备忘录的签订、成渝两地第一天高铁线路的运营为转折点,观察重大政策规划实施前后体育产业一体化指数的变化趋势;再次将 2010—2019 年划分为十个阶段进行相邻年度的一体化指数测算,并绘制折线图呈现出每一年度体育市场一体化变化趋势,与经济一体化趋势形成对比分析。

2010—2019 年成都市、重庆市、四川省体育娱乐用品商品价格指数如表 9-1 所示。

表 9-1　2010—2019 年成都市、重庆市、四川省体育娱乐用品商品价格指数

时间(年)	成都市	重庆市	四川省
2019	101.4	101.5	100.2
2018	106.2	100.4	103.8
2017	100.1	100	100.3
2016	99.5	100	99.8
2015	102	100	101.3
2014	100.3	100.5	100.5
2013	102.1	99.8	100.8
2012	101	100.5	100.7
2011	104.6	96.9	101.6
2010	95.7	96.8	97.9

数据来源:成都市、重庆市、四川省统计局官网。

9.4 结果与分析

9.4.1 成渝地区双城经济圈体育产业一体化发展依然处于体育市场的强烈整合阶段

2010—2019 年成渝两地体育娱乐用品价格方差走势如图 9-1 所示，从图中可以看出，成渝两地体育娱乐用品价格方差呈现出先巨幅波动再小幅度波动最后趋于平衡的演变特征。2010 年、2012 年和 2016 年是成渝两地体育娱乐用品价格方差变化的重要转折点，2010 年以来成渝两地十年间的体育娱乐用品价格方差的均值为 0.000066，2010 年的价格方差为 0.000012，2010 年则上升到 0.00055，2011 年再次回落到 0.00002。2010—2012 年成渝两地体育娱乐用品价格方差的均值为 0.000189，明显高于 2010—2019 年成渝两地体育娱乐用品价格方差的均值，图 9-1 的折线图也直接反映了 2010—2012 年期间价格方差呈现出的巨大波动。2012—

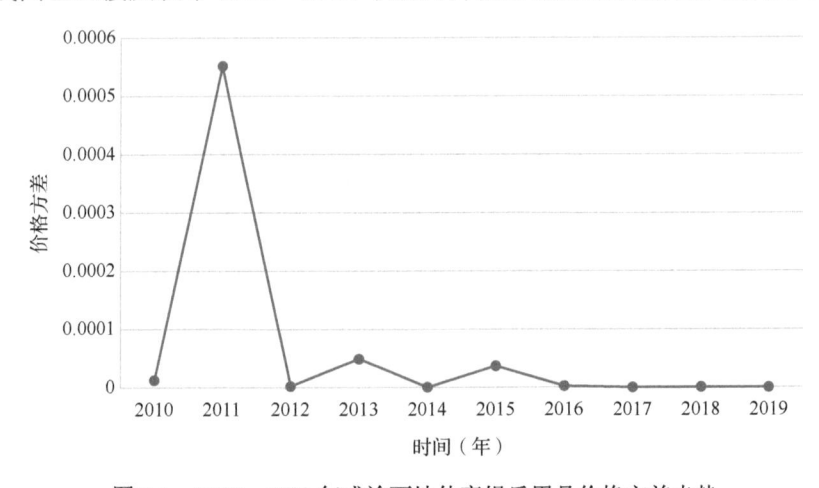

图 9-1　2010—2019 年成渝两地体育娱乐用品价格方差走势

2016 年成渝两地体育娱乐用品价格方差的均值为 0.000018，明显低于 2010—2012 年成渝两地体育娱乐用品价格方差的均值，接近十年间价格方差的均值。由图 9-1 可得，2012—2016 年成渝两地体育娱乐用品价格方差呈现出了小幅波动。2016—2019 年成渝两地体育娱乐用品价格方差整体上趋于一条直线，并且方差向零逼近，表明两地体育娱乐用品的市场价格开始趋于一致。

2010—2019 年川渝两地体育娱乐用品价格方差走势如图 9-2 所示，从图中可以看出，川渝两地体育娱乐用品价格方差呈现出先巨幅波动再长期平稳小幅波动的演变特征。2010 年以来川渝两地十年间的体育娱乐用品价格方差的均值为 0.000037，低于成渝两地同期的体育娱乐用品价格方差的均值，表明四川省与重庆市的体育娱乐用品价格差距要明显小于同时期的成都市与重庆市的体育娱乐用品价格差距，但是通过图 9-1 与图 9-2 可以看出 2010—2012 年重庆市与四川省体育娱乐用品价格方差波动幅度较大，2010—2011 年呈现出了与成渝两地极为相似的变化波动特征，相异之处在于 2012 年之后川渝两地的体育娱乐用品价格方差处于长期的波动之中，同时波动幅度较小。由此可以反映出，成渝地区双城经济圈体育市场的一体化水平整体上已经得到了很大提升，但是当前依然存在频繁的体育市场整合现象。

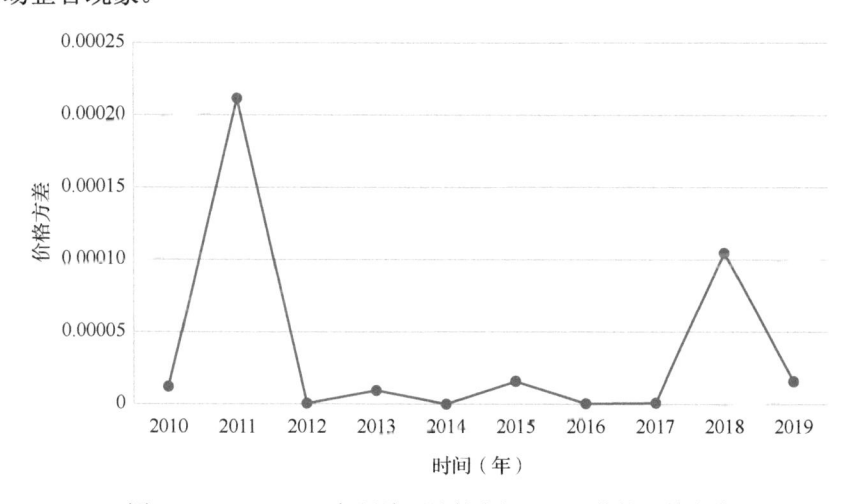

图 9-2　2010—2019 年川渝两地体育娱乐用品价格方差走势

综上所述,通过成渝两地与川渝两地的体育娱乐用品价格方差走势和数据分析可得结论如下。一是川渝两地体育娱乐用品价格方差明显低于成渝两地体育娱乐用品价格方差,由此可以得出成都市与重庆市的体育娱乐用品价格差距大于四川省与重庆市的体育娱乐用品价格差距,可以间接推算出在整个成渝地区双城经济圈中,除成都市外的四川省与重庆市的体育娱乐用品价格方差较小,体育市场的一体化程度逐步得到加深。究其原因可能是成渝地区双城经济圈中成都市的体育市场一家独大,明显领先于四川省的其他地区乃至整个成渝地区双城经济圈,通过历年体育产业的统计数据同样可以证实这一结论。二是除了川渝两地体育娱乐用品价格方差在2017—2019年出现较大的波动,成渝两地与川渝两地的体育娱乐用品价格方差整体上的变化趋势是极为相似的,说明在相关体育产业一体化的政策出台之前,无论是成都市、重庆市这两个"领头羊"城市,还是成渝两地之外的其他市(区),都积极做出调整,并产生了较为相似的效应。

9.4.2 成渝地区双城经济圈体育产业一体化水平逐步提高但依旧滞后于经济一体化程度

由表9-2可知,2010—2019年成都市和重庆市体育市场的一体化指数为0.000053,高于这一时期经济的一体化指数0.000045;T1(2010—2014年)的体育市场一体化指数为0.000109,T2(2015—2019年)的体育市场一体化指数为0.000002。从T1和T2这两个阶段的一体化指数可以得出成渝两地体育市场的一体化程度存在显著的阶段性差异,同时显示出在成渝两地体育市场一体化战略实施后经济和体育市场一体化指数逐渐降低,成渝两地体育市场一体化指数由0.000109下降到0.000002,成渝两地经济一体化指数由0.000108下降到0.000015。由此可以得出,2010—2019年,成渝两地的体育市场总体上是趋向于整合的,体育市场一体化水平逐步提升,同时体育市场和区域经济的一体化发展是同步的。通过三个阶段的一体化指数分析可以得出成渝地区双城经济圈体育产业的一体化程度在初期与经济市场相比有很大的差距,在近几年有了很大程度的提升,但是从客观的数据来看整体上依然滞后于经济市场的一体化程度。那么在成渝两地政府具体的体育部门尚未开展密切合作之前出现此状况的原因是什么呢?结合成渝两地本地区专家访谈和相关资料的查阅综合认为:从2011年《成渝经济区区域规划》的批复,到2015年重庆市和四川省共同签订《关于加强两省市合作共筑成渝城市群工作备忘录》以助推市场、信息、交通的一体化,再到2016年的《成渝城市群发展规划》、2019年的《深化川渝合作推进成渝城市群一体化发展重点工作方案》,可以看出在2020年之前的成渝两地战略规划中并未具体涉及体育产业的发展,但是市场、信息、交通等的一体化政策的推动为体育产业的一体化发展提供了一个"推波助澜"的大环境,体育产业作为第三产业在发展中与很多相关产业会有很大的交集,能够在一定程度上借助其他相关产业的一体化政策和发展优势从而有力助推自身的一体化发展。因此体育产业在这样一个"安逸"的大环境中得以进行一体化的发展,但是在2020年之前成渝地区双城经济圈之内成渝两地体育合作方面的具体规划尚未得到很好的落实,最终导致体育产业的一体化发展得以持续但依然滞后于经济市场的一体化程度。

表9-2　2010—2019年体育市场一体化指数

区域	T（2010—2019年）	T1（2010—2014年）	T2（2015—2019年）
成—渝	0.000053	0.000109	0.000002
成—川	0.000021	0.000026	0.000015
川—渝	0.000020	0.000030	0.000012

9.4.3　成渝地区双城经济圈体育产业一体化过程中成渝两大中心城市发挥着引领作用

成都市与重庆市作为成渝地区双城经济圈内的两座超大型中心城市,具备很强的代表性,也理应是体育产业一体化研究过程中最主要的分析对象。由表9-2

可知，成渝两地在 T1 阶段的体育市场一体化指数为 0.000109，同时期川渝两地的体育市场一体化指数达到了 0.000030，到了 T2 阶段，成渝两地和川渝两地的体育市场一体化指数分别为 0.000002、0.000012。通过具体的数据分析可以得出，在 T1 阶段，成渝两地的体育市场一体化指数是明显高于川渝两地的体育市场一体化指数的，说明在此阶段成渝两地的体育市场一体化程度滞后于川渝两地的体育市场一体化程度；在 T2 阶段，成渝两地的体育市场一体化指数低于川渝两地的体育市场一体化指数，并且仅为其 1/6，一体化指数越小代表一体化程度越高，说明在这一阶段成渝两地的体育市场一体化程度高于成渝地区双城经济圈的体育市场一体化程度。

综上所述，通过对成渝两地与川渝两地两个阶段（即 T1、T2）的体育市场一体化指数进行测算和对比发现，成都市与重庆市两座中心城市在成渝地区协同一体化发展初期的体育市场一体化程度明显滞后于川渝地区整体的体育市场一体化程度，可以推算出甚至还要低于除重庆市与成都市外的四川地区，但是在后期的发展进程中一度成为成渝地区双城经济圈内体育产业一体化发展的"领头羊"，实现了一体化指数的反超和一体化程度的深化，充分发挥成渝地区双城经济圈内体育产业一体化发展的示范和引领作用。

9.4.4 成渝地区双城经济圈体育产业一体化的演变呈现出先短暂扩大后长期收缩的特征

本书将 2010—2019 年的十年划分为九个时间段，并且计算出了这九个时间段的"跨时间方差"，利用计算出的方差绘成了成渝地区双城经济圈的体育市场和经济一体化演变趋势图。从图 9-3 中可以看出以下三点特征。一是 2010—2019 年这十年间成渝两地的体育市场一体化发展趋势和经济一体化发展趋势是趋同的，总体来看呈现出先短暂扩大后长期收缩的演变特征，因此，这十年中成渝地区双城经济圈体育市场一体化紧跟经济一体化发展的步伐并且在调整中稳步提升。二是成渝两地经济一体化演变中最大的转折点出现在 T2 阶段，而体育市场一体化的转折点则出现在T3阶段，体育市场和经济一体化演变也是在T3阶段才开始趋于一致的。因此可以得出，成渝两地的体育市场一体化发展滞后于经济一体化发展。三是T1至T3这一阶段成渝两地的体育市场不但没有出现整合，而且其一体化程度一直保持着较大的差距，T3至T9阶段成渝两地的体育市场一体化指数虽然在T5、T7、T8三个阶段出现了小幅度的波动，但是整体上保持着趋于整合且一致的大趋势。通过分析可以看出，成渝地区双城经济圈的体育产业一体化发展与经济一体化发展相比已经从落后开始趋于一致，总体上呈现出了先短暂扩大后长期收缩并趋于一致的发展趋势，在未来将实现与经济一体化同步发展的态势。

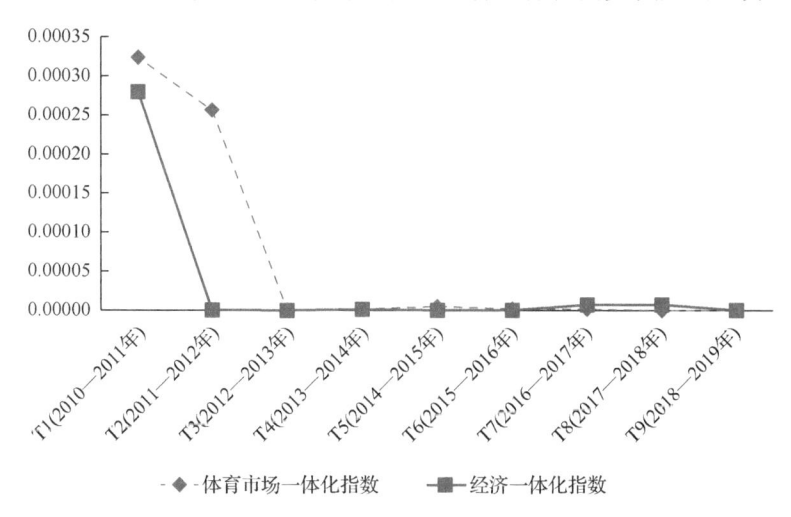

图 9-3　2010—2019年成渝两地体育市场和经济一体化演变趋势图

9.4.5　成渝两地体育产业一体化程度的加深在一定程度上助推了成渝地区双城经济圈的建设

由表9-2可得，成渝两地T阶段的体育市场一体化指数为0.000053，T1阶段的体育市场一体化指数为0.000109，T2阶段的体育市场一体化指数为0.000002；同时期成渝两地经济市场的一体化指数分别为0.000045、0.000108、0.0000015。

167

针对成渝两地体育市场一体化程度，其 T2 阶段与 T1 阶段相比一体化程度提高了几十倍，同时成渝两地经济市场一体化程度在 T2 和 T1 阶段也有了相同程度的提升。通过客观的一体化数据可以得出，成渝两地体育市场一体化发展客观上加快了经济市场一体化发展，成为成渝地区双城经济圈一体化发展的强大推动力之一。2019 年，成渝两地体育产业总产值分别为 504.72 亿元、732 亿元，合计 1236.72 亿元，GDP 合计为 40618.42 亿元，成渝两地的体育产业总产值在两地 GDP 中的占比达到 5.2%。2019 年，川渝两地体育产业总产值分别为 1582.68 亿元、504.72 亿元，合计 2087.4 亿元，GDP 合计为 73601.59 亿元，川渝两地的体育产业总产值在两地 GDP 中的占比达到 2.8%，与此同期 2019 年全国体育产业总产值占全国 GDP 的 2.9%。成渝两地体育产业总产值在其 GDP 中所占的比例与川渝两地体育产业总产值在其 GDP 中所占的比例相比，高出约两倍。通过此数据可以进一步验证，成渝两地体育产业一体化程度的加深在一定程度上助推了成渝地区双城经济圈的建设。

9.5 本章小结

为深入剖析成渝地区双城经济圈体育市场一体化进程，本章基于拥有一致的体育市场是区域体育产业一体化能够实现的重要影响因素的重要观点，通过测算成渝地区双城经济圈体育市场的分割程度，真实地反映出其体育产业一体化发展的状况。本章以成渝地区双城经济圈的体育市场为研究对象，构建重庆市与成都市体育市场的面板数据，对两大中心城市的体育市场一体化进行测度，从客观上揭示其体育产业一体化水平。研究结果表明：①成渝地区双城经济圈体育产业一体化发展依然处于体育市场的强烈整合阶段；②成渝地区双城经济圈体育产业一体化水平逐步提高但依旧滞后于经济一体化程度；③成渝地区双城经济圈体育产业一体化过程中成渝两大中心城市发挥着引领作用；④成渝地区双城经济圈体育产业一体化的演变呈现出先短暂扩大后长期收缩的特征；⑤成渝两地体育产业一体化程度的加深在一定程度上助推了成渝地区双城经济圈的建设。

全书总结 10

10.1 研究结论

本书全面梳理了区域产业发展及体育产业一体化的相关国内外文献,系统阐述了成渝地区双城经济圈体育产业一体化发展的理论基础和现实依据,客观描述了当前成渝地区双城经济圈体育产业的发展情况、特征与问题,并以此为基础,从整体上阐释成渝地区双城经济圈体育产业一体化发展动力与效应的基本理论,并采取适当的定量研究方法对其进行实证分析。研究结论如下。

(1)成渝地区双城经济圈城市体育产业的个体"质量"、空间联系总量具有空间分异和非均衡分布特征,城市间体育产业空间联系分布呈现显著的等级特征;成渝地区双城经济圈体育产业呈现以成都-重庆主城区为中心的"双核心"网络空间结构特征,虽然该区域存在空间关联和溢出效应,但从整体上看其空间联系较弱,并且该区域的等级结构突出,网络稳定性不足,其一体化进程尚处于最初级的发展阶段;成都-重庆主城区在成渝地区双城经济圈体育产业一体化进程中是中心行动者,对其他城市间体育产业空间联系具有极强的控制能力,而其他城市则扮演着边缘行动者的角色;成渝地区双城经济圈体育产业空间聚类特征较为明显,形成了"主受益"和"主溢出"两大空间板块。

(2)就体育产业的市场水平而言,应该增加对其的重视程度。体育产业的市场水平代表着川渝两地体育产业消费市场拓展和规模化的能力,能够直接反映出成渝地区双城经济圈体育产业的发展程度,可见市场水平的作用之重。根据测算结果，可以看出四川省与重庆市的体育产业市场水平均呈现出持续增长的良好发展态势，处于有序发展状态。但是在四川、重庆两省市体育产业市场水平发展趋势图中可以发现，其增长速度有所下降，尤其是体育产业产值占GDP的比重指标的增长速度减缓明显。因此，四川、重庆两省市在经济发展的同时要重视体育产业市场水平的协同发展。

就体育产业的发展基础而言，应该加强基础设施的建设。体育基础设施是发展体育产业的重要载体，当前成渝地区双城经济圈的居民生活水平在不断地提升，其对于体育运动的需求也相应增加，而区域内的人均体育场地面积与国家标准却存在一定距离，体育场地基础设施不足以满足居民的体育运动需求，这一问题在一定程度上阻碍了成渝地区双城经济圈体育产业的协同发展。此外，成渝地区双城经济圈内体育产业的协同发展依赖于交通设施的方便快捷，交通设施的方便快捷体现在区域铁路、公路、航空、城际等各方面的完善程度。因此，应当注重体育产业发展基础的协同发展。

就体育产业的产业环境而言，应该提高对其的关注程度。体育产业的产业环境是体育产业在持续运行过程中取得成果的全面体现，四川、重庆两省市的GDP分别稳坐前十强的省份排行榜和城市排行榜，拥有较好的体育产业经济环境发展基础。但体育产业的发展还需体育产业政策的配合，而两省市体育产业政策存在体育产业法规滞后、体育产业配套政策不足等问题。因此，政府应当共同提高对体育产业发展的引导与规划程度，以及解决操作落实的问题。

就体育产业的发展潜力而言，应该加快创新发展脚步。体育产业的发展潜力是一项能够体现出体育产业发展规模和速度的综合性指标，它代表着体育产业未来的发展水平，体育产业的发展离不开创新型人才。该产业的从业人员对体育产业的发展具有至关重要的作用，但成渝地区双城经济圈体育产业发展中存在体育产业从业人员人数下降、体育产业专业人才缺乏的问题，体育产业的重复建设也是一大需要注意的问题。因此，成渝地区双城经济圈应该加快对体育产业专业人才的培养的脚步。

（3）成渝地区双城经济圈体育产业一体化发展依然处于体育市场的强烈整合阶段。一是成渝地区双城经济圈中成都市的体育市场一家独大，明显领先于四川省其他地区乃至整个成渝地区双城经济圈。二是成渝两地与川渝两地的体育娱乐用品价格方差整体上的变化趋势极为相似，表明在相关体育市场一体化的政策出台之前，无论是成都市、重庆市这两个"领头羊"城市，还是成渝两地之外的其他市（区），都积极做出调整，并产生了较为相似的效应。

成渝地区双城经济圈体育产业一体化水平逐步提高但依旧滞后于经济一体化程度。体育产业作为第三产业在发展中与很多相关产业会有很大的交集，能够在一定程度上借助其他相关产业的一体化政策和发展优势，从而有力助推自身的一体化发展。2010—2019 年，成渝两地的体育市场总体上是趋向于整合的，体育市场一体化水平逐步提升，同时体育市场和区域经济的一体化发展是同步的。但是在 2020 年之前成渝两地战略规划中并未具体涉及体育产业的发展，成渝两地体育合作方面的具体规划尚未得到很好的落实，最终导致体育产业的一体化发展得以持续但依然滞后于经济市场的一体化程度。

成渝地区双城经济圈体育产业一体化过程中成渝两大中心城市发挥着引领作用。成都市与重庆市作为成渝地区双城经济圈内的两座超大型中心城市，其体育市场一体化程度愈发深化，在后期的发展进程中一度成为成渝地区双城经济圈内体育产业一体化发展的"领头羊"，实现了一体化指数的反超和一体化程度的深化，充分发挥成渝地区双城经济圈内体育产业一体化发展的示范和引领作用。

成渝地区双城经济圈体育产业一体化的演变呈现出先短暂扩大后长期收缩的特征。一是 2010—2019 年这十年间成渝两地的体育市场一体化发展趋势和经济一体化发展趋势是趋同的，总体来看呈现出先短暂扩大后长期收缩的演变特征。二是成渝两地体育市场一体化演变的转折点落后于经济一体化演变的转折点，因此成渝两地的体育市场一体化发展滞后于经济一体化发展。三是成渝两地的体育市场一体化程度在发展初期一直保持着较大的差距，后期发展中虽出现小幅度的波动，但是整体上保持着趋于整合且一致的大趋势。

成渝两地体育产业一体化程度的加深在一定程度上助推了成渝地区双城经济圈的建设。实证结果表明，成渝地区双城经济圈体育市场一体化程度得到大幅提高，成渝两地体育产业总产值在其 GDP 中所占的比例与川渝两地体育产业总产值在其 GDP 中所占的比例相比，高出约两倍。成渝两地体育产业一体化发展客观上加快了经济市场一体化程度，成为成渝地区双城经济圈一体化发展的强大推动力之一。

10.2 政策建议

10.2.1 以顶层设计为引领，驱动成渝地区双城经济圈体育产业整合

政府部门应将区域内各城市之间的空间关联性充分考虑到后期的政策规划与决策制定之中，从而为区域内各城市之间的有效联系与合作提供保障支持，促进成渝地区双城经济圈体育产业一体化的发展。长三角、京津冀、珠三角区域城市之间的合作发展实践表明，我国城市之间的合作发展需要依赖国家与地方两个层面的政府介入、驱动和立法支持。虽然近几年成渝地区双城经济圈体育产业的协同式发展已经打开了"启动键"，但仍停留在体育行政主管部门层面的交流活动，主要表现在一些较浅层的体育相关领域的合作。创新顶层设计的初衷是高效发挥重庆市和成都市两个点的辐射效应，从而实现"以点带面"，深化成渝地区双城经济圈体育产业的一体化发展。

一是优化成渝地区双城经济圈体育产业内部结构。从整体上来看，当前四川省依然以体育制造业、体育用品相关服务业、体育培训业为主导。成都市作为四川省体育产业发展的"领头羊"，须发挥"头雁引领"的作用，应继续坚定建设世界赛事名城的决心和信心，充分借鉴 2022 年世界大学生夏季运动会的举办经验，并以积极主动承办全运会、奥运会等重大赛事为契机，把重大赛事作为促进体育

产业转型升级、助力城市更新建设的重要引擎;加快天府奥体城"一城两区多点"的综合赛事场馆布局,形成与世界赛事名城定位相匹配的体育产业发展新格局,构建以竞赛表演和休闲运动为引领的体育产业体系,进一步释放赛事旅游的潜能;推动体育公园绿色空间与健身设施有机融合,加强对体育公园的科学规划,创新体育公园建设方式,优化体育公园运行模式。例如,成都市内交子公园及天府公园等大型体育公园打造为市民服务的羽毛球、足球、篮球、健身等运动休闲基地;积极参与全国乃至国际性的交流活动;举办中国国际城市建设博览会、中国国际健康产业博览会、国际旅游博览会等城市展和项目推介会,将"体育"名片效应扩散出去。

二是构建体育多元化融合新业态。融合相关产业助推成渝地区双城经济圈"体育+N"的模式化发展,这不仅仅是成渝地区双城经济圈体育产业一体化发展和转型升级的内在要求,更是建设成渝地区双城经济圈的内在需要。成渝地区双城经济圈内各区(市)具有环境及资源禀赋方面的差异性,各自所呈现出来的体育产业资源优势不尽相同,在体育市场与其他市场融合的过程中要避免区域结构上出现的同构。根据各自具备的经济环境、体育资源优势、体育产业的现实发展状况,成渝地区双城经济圈内各地的相关部门以总规划为引领分别制定分规划,并依据各地的体育市场及体育资源优势,合理进行总体任务的详细分解,实现成渝地区双城经济圈内各城市体育产业对标对表式发展。借助先天的资源禀赋,发展"旅游+体育",大力实施水上运动、山地户外运动、汽车摩托车运动、航空运动,布局建设自驾游营地和野外露营地,发展乡村民宿,推出温泉、游轮、徒步、自驾等一批特色化、品质化旅游产品,以天府奥体城等众多丰富的体育资源为依托打造具有当地文化传统特色的体育旅游新线路;对重庆市体育产业博览会与成都体育运动展览会等各种体育相关博览会的资源进行创新式整合规划,打造合体后的成渝两地区域特色体育品牌,进一步提升体育相关博览会的知名度。探索"互联网+体育",引导直播、短视频等新消费形态健康发展,推动体育教育培训、运动康复等服务线上线下交互融合。开展"智慧+体育",鼓励发展智慧体育门店、自助终端等"无接触"的体育有形和无形产业。逐步形成"赛事节日化",将娱乐元素与体育赛事融合,在体育赛事中引入家庭活动、音乐活动及高规格餐饮,使体育赛事成为一场节日盛宴。促使"生活体育化",发展假日经济,建设一批夜间体旅消费集聚区,使体育公园夜间化,呈现巴蜀慢生活。助力"体育+科技",围绕体育政府部门协同打造现代化体育产业示范园区,如航空产业园区、体育智能化可穿戴设备园区、体育市场大数据园区、体育历史文化园区等,以数据化、智能化等为主题打造体育市场的前沿领域。

三是健全区域体育产业协同机制。国内长三角、京津冀、珠三角等区域体育产业一体化的成功经验表明,通过发挥政府的主导作用来建立、健全区域内各地区体育产业协同的保障机制,充分调动各市场主体的积极性是区域体育产业高质量一体化发展初期的关键条件。一方面,成渝两地可以尝试联合举办全运会,凸显成渝两地共同举办赛事的合力,实现对中央和地方给予成渝两地资源优势的充分利用,向外围展示成渝地区双城经济圈体育赛事协作成果,逐步深化成渝地区双城经济圈在体育产业领域的融合。另一方面,政府对新生体育产业主体进行持续性帮扶,进行政策引领,各地体育相关部门联合出台减免税费、扶持创业等激励性政策,将具有竞争力的社会资本引入体育产业领域,滋生一批高质量体育产业市场主体。此外,以四川省体育产学研促进会、成渝两地协同创新战略联盟、区域体育产业组织等为中介,发挥其桥梁作用,协调成渝地区双城经济圈体育市场主体在合作过程中的对立面,提高协作效率。

10.2.2 赋能产业数字化,实现成渝地区双城经济圈体育市场智能化

一是创新体育制造业互联网战略。2020年,《四川省人民政府办公厅关于促进全民健身和体育消费推动体育产业高质量发展的实施意见》指出,四川省要支持一批体育智造工业园、产业园等建设成为全省具有示范引领性的体育用品制造基地,加快补齐体育制造业短板。传统体育制造业发展模式已无法适应新时代体育产业的发展需求,因此推动成渝地区双城经济圈体育市场由互联网平台的搭建

向数字化的延伸转变尤为关键,将体育市场发展的实体经济和数字经济融合发展,建立成渝地区双城经济圈体育制造业互联网平台集群。以成渝地区双城经济圈内的互联网战略和数字经济政策为导向,紧抓成渝地区双城经济圈上升为国家区域重大发展战略的契机,打造体育制造业互联网平台,推动成渝地区双城经济圈体育制造业跨时空合作,加快资源的整合,促进体育制造业创新发展,提升传统体育市场的竞争力,打造一批以"数字化"为标签的体育制造业。

二是推进体育服务业数字化创新。现阶段,体育服务业俨然已经成为成渝地区双城经济圈体育市场中最具活力和发展潜力的增长点。但是从整体上来看,成渝地区双城经济圈的体育服务业不但自身存在较大的差异,而且发展层次偏低,甚至局部地区的体育服务业差异极为凸显,因此,利用智能化加速体育服务业数字化,既是满足当前成渝地区双城经济圈内体育产业一体化的必然,也是谋划体育市场高质量发展的长远需求。首先,提升成渝地区双城经济圈体育服务消费精准性,并提档升级体育服务场景建设。打造成渝地区双城经济圈体育服务数字化平台,协同共创共享体育服务、个性体育服务等,提升大型赛事体育场馆的利用效果,围绕天府奥体城打造"智慧体育场馆",改造成集主题运动、科技运动、休闲娱乐等于一身的体育服务综合体,推出将"城市体育空间"与"健康体育大数据"结合的新模式。其次,基于体育服务业融合性强的特点,尝试进行线上和线下相结合、跨行业的业务融合创新模式,将体育产品的云销、云购等方式应用于体育服务的个性消费,提升体育服务对象的消费体验,泛化体育消费群体,加快体育服务实物产品和虚拟产业的"引进来"和"走出去"。

三是实现群众体育的数字化转型。基于成渝地区双城经济圈居民在体育场馆、体育培训及社区体育服务等方面的需求,建立成渝地区双城经济圈群众体育协同大数据平台,将互联网技术应用到群众体育的发展当中去,逐步形成区域内数字化群众体育协同大数据平台,借助已经步入数字化时代的体育企业共同制定参数标准库,将原有的各地区零散及独立的业务系统有效整合为互通共享的大数据系统,并对逻辑不一的相关数据进行融合,为今后体育产业数字化资源的全方位运用打下坚实的基础。例如，在基层体育服务方面，将体育场地纳入政府民生实事项目，形成全覆盖"10～15分钟健身圈"。同时，应用大数据处理分析技术高效率地解决群众在参与体育运动中遇到的切实问题，开发终端依据数据分析结果辅助群众体育的相关决策，尽快实现群众体育管理和服务的精确化和高效率运作，推动群众体育的数字化。

10.2.3 调整空间格局，优化成渝地区双城经济圈体育市场空间结构

一是提升成渝地区双城经济圈体育产业发展能级。充分借助长江黄金水道、国际枢纽机场、中欧班列等交通优势，完善立体大通道体系，高效联通国际国内主要体育市场，将成都市、重庆市的体育明信片先行推向国际。优化重庆主城区和成都市的体育产业功能布局，增强其作为国际门户枢纽城市的辐射功能，全面提升成渝两地"双核"体育产业发展能级及综合竞争力。川渝两地应合作编制体育产业发展规划，辐射带动周边城市和县（区）体育产业的高质量发展。成渝地区双城经济圈应逐步由政府引导体育市场向体育市场主导转变，创新体育产业合作方式，共建区域性大型体育基础设施项目和新型体育产业发展平台，推动成渝地区双城经济圈内各城市间的体育产业的专业化分工。建立以中心城市牵头的体育产业协同推进机制，借助以轨道交通为重点的交通基础设施，探索跨行政区的体育产业发展策略。

二是培育现代化体育产业都市圈。围绕重庆主城区和成都市培育现代化体育产业都市圈，带动中心城市周边市地和区县体育产业的快速发展。要培育重庆体育产业都市圈，则需要梯次推动重庆主城区体育产业向渝西地区的融合发展，并强化涪陵对渝东北、渝东南的带动功能，支持永川对传统体育制造业的巩固发展，支持合川发展数字化、智能化体育产业，推动建成区域性体育公共服务中心，建设与成都市体育产业相向发展的桥头堡，彻底突破行政壁垒，推动地理位置特殊城市（如广安）全面融入重庆体育产业都市圈，打造川渝地区体育产业合作示范区。成都市作为国家体育总局公布的第一批国家体育消费试点城市，具有强大的

体育消费潜力，要培育成都体育产业都市圈，则需要着力推动体育消费机制创新、政策创新、模式创新、产品创新。以成都市为核心在都市圈内打造多个体育产业支撑点，发挥武侯区、温江区、双流体育产业基地的示范作用。

三是促进成渝地区双城经济圈体育产业互动发展。依托成渝地区双城经济圈国家区域重大发展战略的实施所带来的资源禀赋、交通设施、产业联系等便利，强化成渝地区双城经济圈中心城市之间体育产业的互动和毗邻地区体育产业的协同，优化成渝地区双城经济圈体育产业协同发展格局。通过创建体育科技中心、智慧体育服务区等"据点"，带动周边区域体育产业的发展，借助地理位置及交通网络优势，统筹规划成渝地区双城经济圈体育市场空间格局，变"孤点"为"连接点"。成渝地区双城经济圈政治上的历史演变并没有阻碍交通网的建设进程，成渝地区双城经济圈与珠三角、长三角等区域发展初期相比，独特的历史演变、现存的交通基础设施为体育产业的空间组织一体化创造了条件，为推动重庆、成都体育产业都市圈的相向发展提供了极大的交通便利。

10.2.4 优势互补，打造成渝地区双城经济圈体育产业示范园区

打造示范园区是推进区域内体育产业一体化进程的关键举措，成渝地区双城经济圈体育产业的一体化发展当前尚处于初级阶段，此阶段体育产业的极化和扩散效应将更为突出，此时区域内的体育产业正处于非平衡发展期。成渝地区双城经济圈内各城市在产业人才、智能信息等方面存在较大的差异，亟须处理好现阶段体育产业协调发展问题，通过搭建区域体育产业一体化发展平台，打造体育产业示范园区，带动成渝地区双城经济圈体育产业发展。

一是破除区域之间各城市的行政壁垒，组成政策共同体，共同制定成渝地区双城经济圈区域体育发展政策。成渝地区双城经济圈体育产业的空间结构联系比较薄弱、等级结构鲜明、两极差异显著。受行政壁垒影响，在过去区域内各省市之间主要关注自身体育产业的发展，发展的层面主要集中在"点"层面，尚未涉及由"点"及"面"，因此在空间层面上的体育产业联动较少。因此，未来成渝地

区双城经济圈体育产业一体化发展，要依据区域的空间关联现状与特征，有针对性地制定符合成渝地区双城经济圈体育产业一体化发展的政策规划和设计，使该区域体育产业一体化空间联系更加密切，形成空间发展的新格局。

二是优势互补，高效定位，加强地级市之间的体育产业空间联系，协调体育产业一体化的整体发展。目前成渝地区双城经济圈内各地级市之间的体育产业空间联系薄弱，甚至个别城市存在零交流现象。因此，想要实现成渝地区双城经济圈体育产业一体化的发展，需要增强区域地级市间的合作交流，要同等重视该区域的各地级市，充分发挥每个城市的主动性和能动性，提升地级市的体育发展质量，进而提升该区域体育产业发展的总体质量。成渝地区双城经济圈区域体育产业发展政策的研制与调控，要充分考虑各城市和板块在空间关联结构中的不同地位与作用。其中，成都市和重庆主城区作为成渝地区双城经济圈体育产业一体化发展的中心城市，应着力将其打造成为成渝地区双城经济圈体育产业发展的重要辐射源，激发其龙头带动和区域示范作用；泸州、南川、遂宁、自贡、广安是除成都市和重庆主城区外体育"质量"较高的城市，应进一步完善一体化机制与通道，提高这些城市的空间溢出效应，将其打造成为成渝地区双城经济圈体育产业发展的新动力，培育体育产业次核心增长极。其余城市也需要努力根据自身的条件提升体育产业总体"质量"并增强对于中心城市的辐射的吸收能力，为破除区域体育产业的等级结构和等级差异，打造更合理的空间关联结构提供坚实的基础条件，从而有效优化成渝地区双城经济圈体育产业的空间结构，高质量推进它的一体化发展。

三是打造体育产业组合团。成渝地区双城经济圈形成体育产业集群，能产生规模效应，可以吸引生产要素向体育产业流动，促进集聚区内产业的合理分工与发展效率。成渝地区双城经济圈可以在区域内形成若干个功能不同的体育产业集聚区。成渝地区双城经济圈可以通过构建体育产业集群的方式，以成都体育产业都市圈为核心，其他区域以各自的优势体育产业项目汇集成为成渝地区双城经济圈体育产业集群，以集群内丰富的体育资源辐射带动区域周围体育产业增量发展，形成辐射力与竞争力，共同激发产业合作发展动能。利用体育产业组合团关联效应，通过联合举办大型体育赛事和共建合作交流平台，突破省域限制，促进体育要素跨区域流动，这不仅可以带动成渝地区的发展，还可以带动西部其余城市的合作交流，以此延伸拓展体育产业面，促进成渝地区双城经济圈体育产业一体化发展。

10.3　研究展望

体育产业一体化发展既是成渝地区双城经济圈建设的重要内容和内在需求，也是加快建设成渝地区双城经济圈的重要支撑力量。推动成渝地区双城经济圈体育产业一体化发展对于整个经济圈及西部地区的体育产业都有极大的引领和示范作用。本书基于成渝地区双城经济圈建设的大背景及区域经济一体化理论，立足于成渝地区双城经济圈体育产业发展的现实基础，重点考查成渝地区双城经济圈体育产业的空间结构演变、协同发展及一体化水平测度，力求构建成渝地区双城经济圈体育产业一体化发展的理论架构，以期为推动成渝地区双城经济圈体育产业的一体化发展提供理论借鉴。本书只是进行了初步的探索，对成渝地区双城经济圈体育产业一体化发展的一些基本理论问题进行了尝试性的解答，不足以囊括体育产业一体化实践的全部。随着成渝地区双城经济圈战略的持续推进，新的问题会随之而来，笔者认为以下两个方面的问题需要进一步深入探讨。

（1）本书的研究对象——体育产业目前尚处于发展的初级阶段，数据统计相对滞后，在对体育产业空间结构的研究中部分数据来源于科学的推测，在进行一体化测度中，因为数据缺失只收集了成都市与重庆市的体育娱乐用品的价格指数，经济圈内的其他地区体育产业的相关数据严重缺失，所以本书用文体娱乐业的数据进行了替代。随着成渝地区双城经济圈体育产业的快速发展，体育产业的统计工作得到完善，在未来的一体化研究中将会获得更加完善的数据用于研究，从而更加客观地展示成渝地区双城经济圈体育产业一体化发展问题。

（2）当前成渝地区双城经济圈体育产业的一体化发展处于初级阶段，成渝地区双城经济圈一体化的相关研究对象较为宏观且单一，本书同样着眼于体育产业一体化这一宏观视角。随着成渝地区双城经济圈战略的持续性推进，以及体育产业的高质量发展，对于研究对象的选择应更加聚焦，深入体育产业的某一领域。

10.4　研究局限

成渝地区双城经济圈体育产业一体化发展是川渝地区体育政府部门紧扣成渝地区双城经济圈建设的时代主题做出的重要战略部署，成渝地区双城经济圈体育产业一体化发展有利于突破行政区划下的市场保护与市场分割，实现体育资源的顺畅流通与合理利用，对于解决当前川渝地区体育产业服务供给不平衡，地区差异、城乡差异显著等问题产生积极影响。但当前成渝地区双城经济圈体育产业一体化发展尚处于初级阶段，可提供参考的学术文献较少，加之许多城市体育产业统计数据的不健全增加了本书的研究难度，故而存在不可避免的研究局限。

（1）研究方法的局限。在研究方法方面，主要受到样本选择与数据可获得性的限制。本书在分析成渝地区双城经济圈体育产业一体化发展动力与效应时，所进行的案例分析和实证研究，在样本和数据选取上的限制较多。一方面，成渝两地之外的其他区域体育产业的发展进程缓慢；另一方面，成渝地区双城经济圈内除成都市与重庆市外的地区体育产业的相关统计数据公开程度较低，需要通过实地考察与访谈，以及从互联网上搜集、整理分散的数据进行集中处理，从而形成有效的使用数据。这些都给本书的定量分析带来了一定的难度。

（2）研究能力的局限。本书立足于成渝地区双城经济圈体育产业发展的现实基础，重点考查成渝地区双城经济圈体育产业的空间结构演变、协同发展及一体化水平测度，试图对成渝地区双城经济圈体育产业一体化发展的问题进行整体、系统的研究，力求构建成渝地区双城经济圈体育产业一体化发展的理论架构，以期为推动成渝地区双城经济圈体育产业的一体化发展提供理论借鉴。作为研究者，囿于团队、个人研究能力的限制和研究条件的局限，在相关理论分析及结论建议的推断中难免存在个人主观意见，因此在后续研究中仍须对研究结论进一步验证。

参 考 文 献

[1] ALONSO-VILLAR O. A model of economic geography with demand-pull and congestion costs[J]. Papers in regional science: the journal of the regional science association international, 2008, 87(2): 261-276.

[2] AYRES J, MACDONALD L. North America in question: regional integration in an era of economic turbulence[M]. Toronto: University of Toronto Press, 2012.

[3] CHASE K A. Economic interests and regional trading arrangements: the case of NAFTA[J]. International organization, 2003, 57(1): 137-174.

[4] MACLAREN R. Does North America exist? governing the continent after NAFTA and 9/11[M]. Toronto: University of Toronto Press, 2008.

[5] DALIMOV R T. The dynamics of trade creation and trade diversion effects under international economic integration[J]. Current research journal of economic theory, 2009, 1(1): 1-4.

[6] TURNOCK D. Local and regional development during the 1990s transition in Eastern Europe[J]. Political geography, 1997, 16(1): 225-278.

[7] FEDDERSEN J. Environmental policy, agglomeration and firm location[D]. Oxford: University of Oxford, 2010.

[8] FRIEDMANN J. Regional development policy: a case study of Venezuela[M]. Cambridge: MIT Press, 1966.

[9] HAAS E B. The challenge of regionalism[J]. International organization, 1958, 12(4): 440-458.

[10] HAVENS R M, BALASSA B. The theory of economic integration[M]. London: Allen&Unwin, 1961.

[11] KRUGMAN, P. Increasing returns and economic geography[J]. Journal of political economy, 1991, 99(3): 483-499.

[12] KUMAR N. Reforms and global economic integration of teh Indian economy: emerging patterns, challenges, and future directions[M]//GOYAL A. A concise handbook of the Indian economy in the 21st century. New York: Oxford University Press, 2015.

[13] MCKEEN-EDWARDS H, PORTER T, ROBERGE I. Politics or markets? the determinants of cross-border financial integration in the NAFTA and the EU[J]. New political economy, 2004, 9(3): 325-340.

[14] MEHTA P S, KUMAR P. RTAs and South Asia: options in the wake of Cancun fiasco[M]//JHA R. Economic growth, economic performance and welfare in South Asia. London: Palgrave Macmillan, 2005.

[15] BLOMSTROM M, KOKKO A, GLOBERMAN S. Regional economic integration and foreign direct investment: the North American experience[DB/OL]. (1998-10-23)[2022-04-21]. https://econpapers.repec.org/paper/hhshastef/0269.htm.

[16] MARTIN P, OTTAVIANO G. Growth and agglomeration[J]. International economic review, 2001, 42(4): 947-969.
[17] VENABLES A J, LIMAO N. Geographical disadvantage: a heckscher-ohlin-von thunen model of international specialization[J]. Journal of international economics, 2002, (58)2: 239-263.
[18] WHALLEY J. Why do countries seek regional trade agreements?[M]//FRANKEL J A. The regionalization of the world economy. Chicago: University of Chicago Press, 1998.
[19] 韦伯. 工业区位论[M]. 李钢剑，陈志人，张英保，译. 北京：商务印书馆，1997.
[20] 胡佛. 区域经济学导论[M]. 王翼龙，译. 北京：商务印书馆，1990.
[21] 白重恩，杜颖娟，陶志刚，等. 地方保护主义及产业地区集中度的决定因素和变动趋势[J]. 经济研究，2004，39（4）：29-40.
[22] 卜茂亮，高彦彦. 外商直接投资与区域市场一体化——基于长三角的经验研究[J]. 华东经济管理，2010，24（2）：46-49.
[23] 蔡玉军，邵斌，魏磊，等. 城市公共体育空间结构现状模式研究——以上海市中心城区为例[J]. 体育科学，2012，32（7）：9-17.
[24] 蔡玉军，邵斌. 城市公共体育空间选址与布局影响因素及优化原则——以上海市杨浦区为例[J]. 体育科研，2015，36（6）：31-35.
[25] 曹吉云，佟家栋. 影响区域经济一体化的经济地理与社会政治因素[J]. 南开经济研究，2017（6）：20-39.
[26] 曹可强. 论长江三角洲地区体育产业的一体化发展[J]. 上海体育学院学报，2006，30（1）：24-26.
[27] 曾德胜. 重庆市大型体育场馆服务质量管理现状与对策研究[D]. 重庆：西南大学，2017.
[28] 陈碧霞. 四川省体育产业现状分析与发展思路探究[D]. 成都：西南交通大学，2016.
[29] 陈航航，贺灿飞，毛熙彦. 区域一体化研究综述：尺度、联系与边界[J]. 热带地理，2018，38（1）：1-12.
[30] 陈红霞，李国平. 1985~2007年京津冀区域市场一体化水平测度与过程分析[J]. 地理研究，2009，28（6）：1476-1483.
[31] 陈金丹，黄晓. 我国文化产业发展的空间关联网络结构研究[J]. 经济问题探索，2017，38（1）：177-184.
[32] 陈林会，刘青. 成渝地区双城经济圈体育产业融合发展研究[J]. 经济体制改革，2020，20（6）：57-63.
[33] 陈林会. 区域体育产业增长极培育研究[D]. 南京：南京师范大学，2012.
[34] 陈王，龙诗. 区域经济一体化对国家发展战略的影响[J]. 经济导刊，2010（9）：74-75.
[35] 陈霞明，许月云. 区域体育场地空间布局优化影响因素及机制研究[J]. 山东体育科技，2014，36（5）：115-118.
[36] 陈欣，王海燕，李军会，等. 长三角区域多机场复合系统耦合协调发展度评价研究[J]. 交通运输系统工程与信息，2014，14（3）：214-220.
[37] 陈甬军，丛子薇. 更好发挥政府在区域市场一体化中的作用[J]. 财贸经济，2017，38（2）：

5-19.

[38] 褚衍昌,陈飞超,侯云燕. 基于复合系统协同度模型的京津冀民航协同发展研究[J]. 重庆交通大学学报（自然科学版）,2020,39（10）:18-23.

[39] 丛湖平,唐小波. "长三角"地区体育产业一体化发展研究[J]. 中国体育科技,2004,40（3）:1-3.

[40] 崔瑞华. 浅谈我国体育产业发展的时间与空间结构[J]. 体育文化导刊,2006（10）:53-54.

[41] 崔万田,王淑伟. 京津冀区域经济联系强度与网络结构分析[J]. 技术经济与管理研究,2021（4）:117-121.

[42] 代玉梅. 重庆体育产业发展问题的研究[D]. 重庆:西南大学,2005.

[43] 丁凡琳,陆军,赵文杰. 新经济地理学框架下环境问题研究综述[J]. 干旱区资源与环境,2019,33（6）:23-32.

[44] 丁杰. 我国水环境治理要素的协同发展研究——基于复合系统协同度模型[J]. 生产力研究,2019（12）:114-118.

[45] 杜弼云,牛冲槐,牛彤. 我国中部六省产学研科技联盟创新系统协同度比较研究[J]. 管理现代化,2015,35（2）:105-107.

[46] 杜志平,区钰贤. 基于复合系统协同度模型的跨境物流联盟协同评价分析[J]. 供应链管理,2021,2（2）:100-111.

[47] 樊杰,曹忠祥,吕昕. 我国西部地区产业空间结构解析[J]. 地理科学进展,2002,21（4）:289-301.

[48] 樊杰,蒋子龙,陈东. 空间布局协同规划的科学基础与实践策略[J]. 城市规划,2014,38（1）:16-25,40.

[49] 冯帆,杨忠. FDI空间扩散、区域一体化与城市发展定位[J]. 南京社会科学,2008（7）:24-29.

[50] 高斌,丁四保. 点轴开发模式在理论上有待进一步探讨的几个问题[J]. 科学管理研究,2009,27（4）:64-67.

[51] 高楠,马耀峰,李天顺,等. 基于"点-轴"理论的陕西旅游空间结构研究[J]. 干旱区资源与环境,2012,26（3）:177-182.

[52] 高晓波,陈淑莲,乔玉,等. 大型体育场馆的空间布局和功能定位及政府决策[J]. 体育学刊,2014（2）:40-46.

[53] 谷慎,岑磊. 基于协同论的我国金融业协调发展研究[J]. 管理现代化,2014,3（1）:3-5.

[54] 桂琦寒,陈敏,陆铭,等. 中国国内商品市场趋于分割还是整合：基于相对价格法的分析[J]. 世界经济,2006,29（2）:20-30.

[55] 郭梦娇. 四川省休闲体育产业发展路径研究[D]. 成都:成都体育学院,2016.

[56] 郭显光. 多指标综合评价中权数的确定[J]. 数量经济技术经济研究,1989,6（11）:50-53,82.

[57] 韩小兰,刘国纯,张茜. "一圈两翼"背景下重庆市小康体育发展模式的构建研究[J]. 西南师范大学学报（自然科学版）,2015,40（2）:141-144.

[58] 韩增林,刘伟,王利. "点-轴系统"理论在中小尺度区域交通经济带规划中的应用——以

大连旅顺北路产业规划为例[J]. 经济地理, 2005, 25 (5): 662-666, 676.

[59] 胡振华, 周永文. 产业结构变动对经济增长的影响及其测算[J]. 数量经济技术经济研究, 1997 (4): 18-20.

[60] 黄玲. 海洋体育旅游地旅游空间结构的分析及其优化研究——以浙江舟山群岛为例[J]. 广州体育学院学报, 2010, 30 (3): 58-62.

[61] 蹇令香, 李辰曦, 曹卓久. 粤港澳大湾区科技创新协同发展研究[J]. 管理现代化, 2020, 40 (1): 16-20.

[62] 姜付高, 曹莉. 大型体育赛事对城市旅游空间结构影响及其优化研究——以日照打造"水上运动之都"为例[J]. 北京体育大学学报, 2016, 39 (11): 38-44, 111.

[63] 姜付高, 王铁. 山东半岛城市体育旅游带空间结构优化与可持续发展研究[J]. 西安体育学院学报, 2015, 32 (1): 51-59.

[64] 姜海宁, 陆玉麒, 吕国庆. 江浙沪主要中心城市对外经济联系的测度分析[J]. 地理科学进展, 2008, 27 (6): 82-89.

[65] 蒋晓薇. 资源配置视域下的四川省大型公共体育场馆困境与出路研究[D]. 成都: 成都体育学院, 2014.

[66] 蒋永穆, 李想. 川渝黔经济一体化助推成渝地区双城经济圈建设研究[J]. 西部论坛, 2020, 30 (5): 43-56.

[67] 金凤君, 姚作林, 陈卓. 环南海区域发展特征与一体化经济区建设前景[J]. 地理学报, 2021, 72 (2): 428-443.

[68] 柯健, 李超. 基于 DEA 聚类分析的中国各地区资源、环境与经济协调发展研究[J]. 中国软科学, 2005, 26 (2): 144-148.

[69] 李高峰, 郝力宁. 中日美大众体育场地设施管理的比较研究[J]. 体育成人教育学刊, 2006, 22 (3): 26-28, 47.

[70] 李贵春. 四川省新型城镇化过程中构建休闲体育产业集群研究[D]. 成都: 西华大学, 2016.

[71] 李金龙, 王宝元. 地方政府管理体制: 区域经济一体化发展的重要制度瓶颈[J]. 财经理论与实践, 2007, 28 (1): 120-123.

[72] 李丽, 张益民. 京津冀流通业与区域经济协同演进分析[J]. 中国名城, 2014, 15 (12): 31-35.

[73] 李琳, 刘莹. 中国区域经济协同发展的驱动因素——基于哈肯模型的分阶段实证研究[J]. 地理研究, 2014, 33 (9): 1603-1616.

[74] 李仁贵. 西方区域发展理论的主要流派及其演进[J]. 经济评论, 2005 (6): 57-62.

[75] 李星. 城市群创新能力的空间差异研究[J]. 经济体制改革, 2020, 38 (1): 66-72.

[76] 李雪松, 孙博文. 区域经济一体化视角下的长江中游地区市场整合测度——基于湘鄂赣皖四省面板数据的分析[J]. 江西社会科学, 2014, 34 (3): 34-40.

[77] 廉涛, 黄海燕. 长三角体育产业高质量一体化发展研究[J]. 中国体育科技, 2020, 56 (1): 67-74.

[78] 廉涛, 黄海燕. 长三角体育产业一体化发展的空间结构研究[J]. 体育科学, 2020, 40 (10):

21-30.

[79] 梁建平,董德龙. 重庆体育产业现状及快速发展增长点研究[J]. 山东体育学院学报,2007,23（3）：32-35.

[80] 梁留科,牛智慧. 中原城市群公路网络建设与城市化水平相关性研究[J]. 地域研究与开发,2007,26（2）：48-51,96.

[81] 梁琦,李晓萍,吕大国. 市场一体化、企业异质性与地区补贴——一个解释中国地区差距的新视角[J]. 中国工业经济,2012（2）：16-25.

[82] 梁勤超,石振国,李源. 我国城市社区体育公共空间供给侧结构性改革研究[J]. 西安体育学院学报,2020,37（2）：190-195.

[83] 廖利兵,李皓. 区域一体化市场进入方式与企业异质性[J]. 世界经济研究,2015（3）：72-81,128.

[84] 林妮. 重庆市体育彩票发展状况调查与分析[D]. 重庆：重庆大学,2009.

[85] 刘斌. 重庆市体育彩票业发展问题与对策研究[D]. 重庆：西南大学,2008.

[86] 刘贯飞. 基于层次分析法的四川省体育产业竞争力的研究[D]. 成都：西南财经大学,2013.

[87] 刘华军,张耀,孙亚男. 中国区域发展的空间网络结构及其影响因素——基于2000—2013年省际地区发展与民生指数[J]. 经济评论,2015（5）：59-69.

[88] 刘军. 社会网络分析导论[M]. 北京：社会科学文献出版社,2004.

[89] 刘瑞翔. 区域经济一体化对资源配置效率的影响研究——来自长三角26个城市的证据[J]. 南京社会科学,2019（10）：27-34.

[90] 刘生龙,胡鞍钢. 交通基础设施与中国区域经济一体化[J]. 经济研究,2011（3）：72-82.

[91] 刘思峰,谢乃明,JEFFERY F. 基于相似性和接近性视角的新型灰色关联分析模型[J]. 系统工程理论与实践,2010,30（5）：881-887.

[92] 刘耀彬,周依仿,王希祖,等. 市场一体化视角下FDI对经济发展影响的门槛效应研究——以长江经济带为例[J]. 经济问题探索,2015（6）：118-125.

[93] 陆大道. 建设经济带是经济发展布局的最佳选择——长江经济带经济发展的巨大潜力[J]. 地理科学,2014,34（7）：769-772.

[94] 陆玉麒,董平. 中国主要产业轴线的空间定位与发展态势——兼论点—轴系统理论与双核结构模式的空间耦合[J]. 地理研究,2004,23（4）：521-529.

[95] 罗洪群,肖丹. 产业集聚支撑的川渝城市群发展研究[J]. 软科学,2008,22（12）：102-105.

[96] 马仁锋. 长江三角洲区域一体化政策供给及反思[J]. 学术论坛,2019,42（5）：114-123.

[97] 马歇尔. 经济学原理[M]. 朱志泰,译. 北京：商务印书馆. 1964.

[98] 么广会,梁建平,肖存峰,等. 新时期重庆体育事业发展研究[J]. 体育文化导刊,2013,23（10）：4-6,14.

[99] 梅小兵,刘香. 四川省休育产业合理化布局探讨[J]. 成都体育学院学报,2012,38（9）：12-15.

[100] 孟庆民. 区域经济一体化的概念与机制[J]. 开发研究,2001（2）：47-49.

[101] 孟庆松,韩文秀. 复合系统协调度模型研究[J]. 天津大学学报（自然科学与工程技术版）,

2000，33（4）：444-446．

[102] 聂强，孙玉忠．企业财务能力复合系统协同发展模型构建[J]．经济与社会发展研究，2019，17（4）：0135-0136．

[103] 彭芳梅．粤港澳大湾区及周边城市经济空间联系与空间结构——基于改进引力模型与社会网络分析的实证分析[J]．经济地理，2017，37（12）：57-64．

[104] 秦志琴，张平宇，王国霞．辽宁沿海城市带空间结构演变及优化[J]．经济地理，2012，32（10）：36-41．

[105] 宋天华．城乡统筹一体化视野下成渝体育旅游资源整合开发研究[J]．特区经济，2011（3）：164-165．

[106] 孙博文，雷明．市场分割、降成本与高质量发展：一个拓展新经济地理模型分析[J]．改革，2018（7）：53-63．

[107] 孙博文，孙久文．长江经济带市场一体化的空间经济增长与非对称溢出效应[J]．改革，2019（3）：72-86．

[108] 孙博文．环境经济地理学研究进展[J]．经济学动态，2020（3）：131-146．

[109] 孙雷鸣．长三角大都市圈背景下体育一体化发展的研究[J]．武汉体育学院学报，2011，45（11）：26-31．

[110] 孙立海，赵道静，刘金波．武汉城市圈体育产业一体化发展研究[J]．武汉体育学院学报，2011，45（12）：60-63．

[111] 孙亮亮．成渝城市经济圈休闲体育公共服务体系的构建[J]．成都工业学院学报，2013，16（4）：92-94．

[112] 汤放华，汤慧，孙倩，等．长江中游城市集群经济网络结构分析[J]．地理学报，2013，68（10）：1357-1366．

[113] 唐宋元．港口群协同发展的内涵、目标与意义[J]．港口经济，2013，21（6）：11-15．

[114] 王川兰．经济一体化过程中的区域行政体制与创新——以长江三角洲为对象的研究[D]．上海：复旦大学，2005．

[115] 王凯，张淑文，甘畅，等．中国旅游业碳排放效率的空间网络结构及其效应研究[J]．地理科学，2020，40（3）：344-353．

[116] 王昆，宋海洲．三种客观权重赋权法的比较分析[J]．技术经济与管理研究，2003，12（6）：48-49．

[117] 王明涛．多指标综合评价中权系数确定的一种综合分析方法[J]．系统工程，1999，4（2）：56-61．

[118] 王维，张学鹏．企业成长能力与成长绩效协同关系研究——基于农业上市公司样本数据[J]．财会通讯：综合（下），2013（6）：47-50．

[119] 王伟，吴志强．中国城市群空间结构与集合能效研究[M]．上海：同济大学出版社，2017．

[120] 王雪．京津冀文化产业协同发展测度及影响因素研究[D]．保定：河北大学，2020．

[121] 王樱桃，窦丹，杨慧君，等．重庆市体育产业投资与就业结构分析[J]．当代体育科技，2020，10（2）：227-229．

[122] 吴玉鸣，李建霞. 中国省域能源消费的空间计量经济分析[J]. 中国人口·资源与环境，2008，18（3）：93-98.

[123] 肖存峰. 重庆市体育彩票市场现状与对策研究[J]. 西南师范大学学报（自然科学版），2007，32（3）：192-196.

[124] 谢卓廷，王自力. 政府主导区域一体化的经济增长差异分析——基于工业水平视角的PSM-DID实证研究[J]. 经济问题探索，2020（11）：132-143.

[125] 徐春梅. 基于PPP视角的重庆市大型体育场馆经营管理途径研究[D]. 重庆：重庆大学，2014.

[126] 徐丹，于渤. 长三角城市群高技术产业集聚空间溢出效应研究[J]. 科技进步与对策，2021，38（6）：29-37.

[127] 严鑫翔，马晓冬，徐广军. 结节区视角下江苏省区域空间结构演化研究——对区域共振轴结构模式的探讨[J]. 地理科学进展，2013，32（2）：203-213.

[128] 杨凤华，王国华. 长江三角洲区域市场一体化水平测度与进程分析[J]. 管理评论，2012，24（1）：32-38.

[129] 杨桂元，吴齐，涂洋. 中国省际碳排放的空间关联及其影响因素研究——基于社会网络分析方法[J]. 商业经济与管理，2016（4）：56-68，78.

[130] 杨丽花，刘娜，白翠玲. 京津冀雄旅游经济空间结构研究[J]. 地理科学，2018，38（3）：394-401.

[131] 杨远波，张锐，黄道名，等. 成渝经济区体育产业竞争力的实证研究[J]. 四川体育科学，2014，33（2）：76-80.

[132] 杨振之. 全域旅游的内涵及其发展阶段[J]. 旅游学刊，2016，31（12）：1-3.

[133] 姚淑馨. 促进四川省体育场馆可持续发展路径研究[D]. 成都：成都体育学院，2017.

[134] 袁茜，吴利华，张平. 国家三大区域发展战略对城市经济绿色增长的影响评估[J]. 华东经济管理，2019，33（11）：5-14.

[135] 岳凤文. 京津冀体育赛事协同发展的测量与评价[D]. 天津：天津体育学院，2019.

[136] 张可云. 区域科学的兴衰、新经济地理学争论与区域经济学的未来方向[J]. 经济学动态，2013（3）：9-22.

[137] 张莉，陆玉麒. "点-轴系统"的空间分析方法研究——以长江三角洲为例[J]. 地理学报，2010，65（12）：1534-1547.

[138] 章慧明，翟伶俐. 城市空间拓展的点轴模式研究[J]. 山西建筑，2010：36（13）：33-34，71.

[139] 赵改栋，赵花兰. 产业—空间结构：区域经济增长的结构因素[J]. 财经科学，2002，4（2）：112-115.

[140] 赵二武，钱雪业. 基于价格指数法的我国劳动力市场区域一体化研究[J]. 统计与决策，2014（21）：99-101.

[141] 赵铁龙，戴腾辉. 我国体育产业发展过程中的区域性特征分析——基于现有省际数据[J]. 中国体育科技，2019，55（4）：31-42，80.

[142] 钟学义,王丽.产业结构变动同经济增长的数量关系探讨[J].数量经济技术经济研究,1997(5):22,29.

[143] 周清明,周咏松.成渝地区体育产业一体化开发的政府合作机制研究[J].成都体育学院学报,2008,34(11):25-28.

[144] 周晓雯.京津冀港口与腹地产业协同发展研究[D].石家庄:河北师范大学,2016.

[145] 朱兰,王勇,李枭剑.新结构经济学视角下的区域经济一体化研究——以宁波如何融入长三角一体化为例[J].经济科学,2020(5):5-18.

[146] 朱少非,杨靖三,谢铖.长江经济带战略背景下产业集聚的空间格局研究[J].经济问题探索,2020(12):162-170.

后　　记

本书是我在四川省社会科学规划"重点研究基地重大项目"（SC21EZD005）的研究成果基础上提炼、修改、完善而付梓成册的，最终定名为《成渝地区双城经济圈体育产业一体化发展研究》，同时该研究成果的出版得到四川省社会科学高水平研究团队建设计划项目"区域体育产业规划研究"的资助。

推动成渝地区双城经济圈建设是习近平总书记亲自谋划、亲自部署、亲自推动的国家重大区域发展战略。从2020年1月习近平总书记主持召开中央财经委员会第六次会议并做出推动成渝地区双城经济圈建设的重大决策部署，到2021年10月党中央、国务院正式印发《成渝地区双城经济圈建设规划纲要》，再到2022年10月党的二十大报告正式将成渝地区双城经济圈建设列为国家区域重大发展战略，无不体现了党中央对成渝地区发展的高度重视。成渝地区双城经济圈建设上升为国家区域重大发展战略必将赋予成渝地区双城经济圈内体育产业发展全新的内涵，成渝两地协同发展共同推动体育产业一体化，使体育产业有效融入成渝地区双城经济圈，为西部区域经济高质量发展提供新动能，打造中国第四增长极。

回想自己做这个课题的初衷，主要是在过往的十年间，自己研究体育产业从而深切体会到区域一体化对体育产业发展的巨大推动作用，特别是在长三角区域。长三角体育产业一体化始于2012年，由上海市体育局牵头，联合江苏省体育局、浙江省体育局建立了长三角体育产业合作框架，2013、2014年上海体育学院、安徽省体育局正式加入，至此形成了如今"三省一市一院"相对稳定的合作格局。十年来，"三省一市一院"秉承合作、互利、共赢的理念，积极创新合作思路、丰富合作方式、拓展合作内容，在合作机制建立、合作课题研究、合作项目落地等方面均取得明显成效，成为当前区域体育产业一体化发展的示范和样本。

自党中央提出成渝地区双城经济圈建设的发展战略后，成渝地区各行各业掀起了研究本行业成渝地区在双城经济圈建设过程中一体化或协同发展的热潮，但从现有的研究成果看，对于成渝地区双城经济圈体育产业的研究较为缺乏且系统性不足。结合《体育强国建设纲要》中提出的推动体育产业逐步成为国民经济支柱性产业的战略目标，以及成渝地区双城经济圈建设在国家区域发展中的重要战略地位，体育产业一体化作为区域经济发展过程中的独特产业一体化现象，推动成渝地区双城经济圈体育产业一体化发展既是成渝地区双城经济圈经济社会发展的客观要求，也是成渝地区双城经济圈建设的重要内容和重要支撑力量。

基于对上述问题的思考，加之自己所在单位（成都体育学院）是国家部署在西南地区唯一的高等体育学府，自己又为成渝地区体育产业研究领域一员的缘故，便着手组建团队对成渝地区双城经济圈体育产业一体化发展问题进行研究。作为课题负责人和专著的第一作者，我对课题和专著进行了总体设计，提出了研究思路、研究方法、体系结构和基本观点。各章撰写分工是：第1章至第5章由张永韬、程林林撰写，第6章至第9章由张永韬、王明涛撰写，第10章由张永韬、程林林、王明涛撰写，程林林教授和王明涛博士为本书的修改、订正做了大量工作。各章撰写工作完成后，我逐一对各章的研究内容反复推敲、仔细修改，最后串章润色形成书稿。

在课题及专著书稿修订过程中，有幸得到我国知名的区域经济学家、四川外国语大学成都学院党委书记、西南财经大学成渝经济区发展研究院院长杨继瑞教授的悉心指导，并欣然为本书作序。在课题研究和专著出版过程中，得到了四川省哲学社会科学规划办公室和人民体育出版社的指导与帮助，感谢四川省哲学社会科学规划办公室对本课题研究的资助和支持，感谢人民体育出版社编辑们为书稿的顺利出版所付出的辛勤劳动。

感谢成都体育学院各位领导和同事对我研究工作及学习的大力支持与帮助。感谢成都体育学院两任党委书记刘青教授、舒为平教授对我的关心和支持，感谢四川省哲学社会科学重点研究基地"天府国际体育赛事研究中心"、成都体育学院天府国际体育赛事研究院的鼎力支持，感谢柳伟教授、郭新艳教授、张林玲副教授、卿平教授、陈林会教授、宋秀平教授等在我撰写该著作期间对我的关心和帮助，感谢成都体育学院经济管理学院、计划财务处、科研处等相关部门同人对我的关心、支持与帮助，感谢课题组成员胡亮亮、杨翠萍硕士的辛勤付出。

  在本书写作的过程中，学习、借鉴和参考了大量相关的资料、文献及研究成果，在此要感谢这些参考文献的作者们，正是他们的研究给予我坚实的基础与启示！

  最后，我要把最真挚的谢意献给我的家人，感谢您们对我一以贯之的理解和支持！是他们的关爱和无条件的支持与付出，促使课题和书稿得以顺利完成并出版。在此向我的父母、妻子、儿子表达衷心的感谢！

  尽管本着严谨、认真、求实的治学态度，但是书中错误、疏漏难免，文责自负。

张永韬
2023年9月于武侯祠旁